臺灣歷史與文化 研究輯刊

十九編

第 12 冊

台灣民間信仰、神壇與佛教發展之省思（下）

賴建成 著

花木蘭文化事業有限公司

國家圖書館出版品預行編目資料

台灣民間信仰、神壇與佛教發展之省思（下）／賴建成 著 --
初版 -- 新北市：花木蘭文化事業有限公司，2021〔民110〕
目 2+152 面；19×26 公分
（臺灣歷史與文化研究輯刊十九編；第 12 冊）
ISBN 978-986-518-460-5（精裝）
1. 佛教史 2. 民間信仰 3. 臺灣
733.08   110000677

ISBN-978-986-518-460-5

9 789865 184605

臺灣歷史與文化研究輯刊
十九編　第十二冊
ISBN：978-986-518-460-5

台灣民間信仰、神壇與佛教發展之省思（下）

作　　者　賴建成
總 編 輯　杜潔祥
副總編輯　楊嘉樂
編　　輯　許郁翎、張雅淋　美術編輯　陳逸婷
出　　版　花木蘭文化事業有限公司
發 行 人　高小娟
聯絡地址　235　新北市中和區中安街七二號十三樓
　　　　　電話：02-2923-1455／傳真：02-2923-1452
網　　址　http://www.huamulan.tw 信箱 service@huamulans.com
印　　刷　普羅文化出版廣告事業
初　　版　2021 年 3 月
全書字數　261010 字
定　　價　十九編 23 冊（精裝）台幣 60,000 元

台灣民間信仰、神壇與佛教發展之省思(下)

賴建成　著

目

次

第四章　漢藏佛教之異同與發展

提要

　　早期台灣顯教的信徒，包含齋友，著重在唸佛往生，但隨著社會變遷，知性的佛教書籍大為流通，居士佛教的重要性提昇了〔註1〕。高僧大德的行化，加上佛教居士的勤學、隨處信受與護持佛法，致使台灣顯、密教法大為普及，改變了以往台灣傳統寺院重視顯教排斥密教的習性；在顯、密佛法的對話、融通之下，社會上奔放出一種嶄新的面貌，增添了生命的火花。

　　根據內政部統計，目前台灣登記有案的佛教寺院有 3000 座，信徒 548 萬人；依據人民團體法立案的藏傳佛教團體，約 200 個，藏傳僧人每年來台弘法的約有 20000 人，透過這些僧侶而接觸她的信徒超過 30000 人次，可見藏傳佛教近年來在台灣的蓬勃發展。為瞭解藏傳佛教在台灣實務運作及漢藏佛教異同與發展。因此，內政部特別舉辦座談會，希望透過邀集國內藏傳佛教團體及登記有案的漢傳佛教寺院負責人的對話，互相溝通，使漢藏佛教的資源能更有效的運用與整合，促進漢藏佛教團體永續經營與發展。

〔註 1〕對於居士佛教對社會的貢獻，陳永革在〈民國浙江居士佛教及其修學效應〉文中說：「民國浙江居士佛教，以淨土唸佛法門為主導修持，不僅直接參加個地佛教會組織，參與佛教教育，而且還通過社團組織，構成了民國時期佛教信仰實踐活動的重要內容。特別是在叢林佛教僧人普遍素質低下的現實處境中，佛教居士通過其較高的知識素質、佛學學養及社會地位，在較大程度上改善了佛教弘法環境，不同程度地彌補了叢林佛教弘法僧才缺乏的局限性，使佛教信仰更有利於化導人心。因此而言，居士佛教不僅是佛教教化社會人心的具體實現者，而且佛教弘化、教化社會人心的直接實施者。」（《佛教弘化的現代轉型：民國浙江佛教研究》，宗教文化出版社，2003 年 10 月，頁 360）

〔註2〕本文是作者受內政部邀請與會，所寫專題演講稿的修訂文章。〔註3〕
全文分六個部份，第一節「緒論」，談到學佛心態、佛法宗旨、顯密融通處，
以及顯密遭遇到的問題。第二節「佛法的精神與特質」，內容包括佛陀的教
法、大小乘佛法的特質、密宗的流布，以及顯密融通的現象。第三節「融通
上的問題──門風與教學法」，從顯密互相包容與修法的主伴、根器與修學、
禪淨密與明自心問題，來談論學人修習佛法應有的態度與心情，以及說明一
門深入的玄旨。第四節「顯密的異同」，由大悲心與菩提心、大光明與大安
樂、皈依與善知識、修法與妙用，來談論顯密的異同及融通現象；最後談到
依法行，顯教說法、密宗法會，即使是方便的財神法，也要體會眾生自性，期
使聽聞者轉識成智，歸向佛之淨土，這真的要靠行人們的德性與真知力行
了，不能馬虎。第五節「承先啟後的進路」，先敘述佛法的傳佈方式、佛教教
團在東亞興盛之因以及在國際上的發展。第六節「結論」談到佛子的心行與
責任，再論及當佛子應具備的條件，以及對修學與道場的認知、顯密融通現
象，最後回歸到對真實之物的認知，還有當代佛法發展的一些面向。

一、緒論

在台灣學顯、密教法的環境，比古人好多了，但學顯教的多是唸佛禪者
居多，而學密的則以「遊宗」為尚〔註4〕；隨著科學之進步、資訊之發達、物
質之豐沛，在知性上的攝取，對顯教而言是方便許多。至於藏密，鄭志明教
授說：「藏傳佛教要在台灣生根發展，必須有完整的傳法典籍與文獻。讓弟子
有修學的憑依與基礎，不能只靠開示的法語沈迷在對上師的崇拜上，失去了
依法不依人的信仰教養。教團要指引信徒正確的修行法門，就應該在著譯與
出版事業上下點功夫，才有助於知見領域的開拓，避免負面不正確信息的流
通。」〔註5〕但修道者都知道，「道在聖傳修在己」、「善由人積不在天」、「真

〔註2〕《漢藏佛教交流座談會手冊》「漢藏佛教交流座談會計畫」，民93年10月7
日，頁1。
〔註3〕台內民第0930073646號。主旨：本部訂於本（93）年1月7日（星期4）假
台北縣三峽鎮佛光山金光明寺舉辦和藏佛教交流座談會，敬邀貴教授擔任講
座（約一小時），題目為「漢藏佛教異同與發展」，請惠允並請將講授內容於
本（9）月15日送本部民政司以利付印供與會人員參閱，請查照。
〔註4〕鄭志明〈藏傳佛教在台灣發展的現況與省思〉，《普門學報》第30期（佛光山
文教基金會，2009年11月），頁112～114。
〔註5〕鄭志明，前引書，《普門學報》第30卷，頁118。

積力久能入」、「真參實證功自深」。想學道法的人，如果在經教方面看多了不會取、不悟入、不修煉，結果是徒生知見，於法於人都是無有益處的；顯教與丹道中人如此，更何是密法中人。

現代人學宗教方便了，宗教術語在知識界很多人是耳熟能詳的，由是產生了一些弊病。南懷瑾說：「我們懂得這許多道理以後，往往會誤以為是自己的成果，尤其最近多年來講打坐的，一個個道家也會、密宗也會，滿口行話，但是看看他那樣子，又一點都不像。（中略）這一切都是因為我們先學了佛經上的那些知識，把前修持的成果，拿來倒果為因，倒因為果。」〔註6〕佛經是開示佛知見，有人就反對因為要引起初機的興趣而用白話文解釋。〔註7〕

所以，要談佛法，先辯證自心與諸佛之本懷。學佛忌諱因地不真、分別心強，以及無師妄為。〔註8〕佛法只有一味，那是使行人解粘釋縛、安樂光明之味。禪門好說向上一指，指月示心，一般人認為向上也只有一路，或說一路涅槃門。但宗門卻說：「至道無門，如有路則千差萬別。」學密者會說：「緣起性空，自性不空。」學顯佛密，總會在自心自性上打轉，禪為佛教各宗派之核心。學佛無門無路，不假外求，有路則須揀擇，此因「實相無相」之故，宗門人由是說：「實相無相，一點蓮花子。」此蓮花子，喻淨明心體，世法無比，乃云大光明、大安樂。

成佛之道，顯教教門強調戒、定、慧，依次禪觀，以達真如佛境。淨宗主張成片功夫之外，依佛力接引極樂，而有帶業往生之說。密宗有事相作等瑜伽行，但講究的是三密相應的甚深禪定功夫，一師一法一本尊，一心淨信。顯密佛教皆戒行人，不好與他人談論修行時的感通；或說：「因神通者除了要具足智慧之外，還要有定力，佛教的神通，大多由禪定轉修，具足初禪以上的定力，而且可以自主自在。」「神通者除了要具足空性的智慧，了知一切空性如幻之外，還要有定力，才能安住不動」。〔註9〕修行莫落在感通之上，而一師一門，同心同願，是顯密行人的共同願行。師以証量傳弟以到量授，為弟子印證、加持護持，則密法與禪門顯得比教下諸宗來得更加殊勝了，此因

〔註6〕南懷瑾《如何修證佛法》（台北：古老文化事業，1999年2月），頁7。

〔註7〕釋南亭〈評「釋迦與維摩詰」〉，《南亭和尚全集》，頁355～357；另見釋南亭〈再評「釋迦與維摩詰」〉，《南亭和尚全集》，頁358～359。

〔註8〕劉洙源《佛法要領》「書13」（晨曦文化，民80年3月15日），頁91。

〔註9〕全佛編輯部《神通的原理與修持》（中國社會科學，2003年1月），頁222～223。

有修有證之故，最後達到無修無證的境地。而轉世活佛制度，則非顯教所有，有其意義與功能，但傳至台灣，卻產生居士活佛如黃英傑，這也是一種新的氣象，但配套戒規等則要教團來修訂了，這問題如同顯教中的居士團體如李元松領導的現代禪，給教界帶來很多的困擾與省思。密法在除障上，較顯教懺法或者是無功用行的理念，顯得活潑多樣、現實性與純樸的野性味道，而顯教則文明雅緻了，這是風土民情使之然的。

佛教的重心在禪，藏密傳到中土，很多行人就把其繁瑣的儀軌簡化，以禪釋密，行人看似在修持密法，說穿了其實是一路禪行〔註10〕、一句南無阿彌陀〔註11〕、念念觀世音〔註12〕、一路涅槃門。不管是顯是密，行人一念回心，深體佛、心、眾生三無差別，發菩提心，學菩薩願行，不論唸佛、持咒、講經、供養禮佛、靜慮修法，其功德都可以普濟人我，發智慧光芒。佛法八萬四千法門，只是概說，還不止也，因病施藥。佛法隨根器施設，中土根器在大乘，有顯有密，有宗有教，學法基礎在淨業正因，下手處在明心見性，直契入那「覺行圓滿、湛然無為」的佛道〔註13〕，或強調學佛法要效法祖師們有信心，莫說無始無明難斷，或說俱生無明難淨。總之，在生活中堅固自己的修行理念。

二、教法的精神與特質

佛教創始者釋迦牟尼，說法 49 年，談經 300 餘會，後人集成 3 藏 12 部經典，又益以所製之律儀，和弟子們引申的論說，成為傳世的三藏釋典。在 3 藏 12 部經中，出世自度的解脫道，是為其親隨的聲聞弟子而說；去惡行善的世間人天道，係為在家弟子而說。揆其要領，不出「諸行無常」、「諸法無我」、「涅槃寂靜」三原則，因而稱三法印。此外，另有為發廣大同情心、企求普利人我、兼善眾生的大弟子而說，可解粘釋縛、自利利他的菩薩道，以及其覺行圓滿、湛然無為的最高境界，亦即所謂的佛道。總而言之，不出「實相無相」的原則，而這種種境界，與其個別的修法，通為五乘。其中，偏重自度

〔註10〕關於禪行，參見釋白聖〈禪宗真妄譚〉，《白公上人光壽錄》「民國 56 年」，頁 549～552。

〔註11〕釋白聖〈斷疑生信〉，《白公上人光壽錄》「民國 57 年」，頁 581。

〔註12〕釋白聖〈大悲懺主的感應〉，《白公上人光壽錄》「民國 53 年」，頁 488。

〔註13〕劉洙源《佛法要領》「書 10」戒初學云：「先聖止有『直指人心，見性成佛。』兩句。達摩添成四句，已是增語，何可再添？」

的，名為小乘，兼利普濟者，名為大乘，而大乘又有顯、密之別。值得一提的是，中土僧侶對於印度佛理的契會，不執著在經說，而崇尚義理的發揮，有所謂「依法不依人」、「依義不依語」、「依了義不依不了義」之說。〔註 14〕但一般顯教中人著重經典，而密宗則重在密意。

顯教有教下與宗門之分，賢首、台家是教下，禪、淨屬於宗門。另有真言宗，以修持秘密真言為主，亦有結合陰陽五行之易學、丹道之氣學者，重視儀軌及師資傳承，依大日如來立教，漢人慣稱為密教，其自身則謂為金剛乘佛教。密教自唐玄宗至唐末極為盛行，日本沙門來學者眾，但經會昌法難、唐末五代的離亂以及後周世宗的排佛，罕出大師。純密雖衰竭，但被純密所攝取的某一尊佛或某一經典，分化獨立，持續在南方各地廣被信仰。〔註 15〕真言宗傳到日本，稱為東密，有別於台密，目前的台灣有仿唐時的真言宗道場，旗山五智山光明王寺即是，徹定法師為管長，而其師悟光阿闍梨，也是一位具有本土化色彩的行者。

佛教的顯、密兩宗，皆源自印度，且早有融通的現象，如超岩寺不但傳授密法，亦弘揚顯教。漢人對藏密，頗多誤解，這與中土文化與政治思維，有密不可分的關係。但台灣已步上民主化、現代化與多元化，藏密漸為部份國人所容受。對藏密的發展與特質，吳化鵬先生說：「在西藏方面，我們可以很肯定地說，雖然西藏佛教在發展的過程中，也曾遭到了大小不同的阻礙，但是就全面而言，西藏佛法，也就是這個由顯入密的大乘佛法，卻是被保留得相當完整的一支。」〔註 16〕顯、密在歷史發展、文化、修法上，縱使有岐異之處，但法無殊味，僅因行人的根器、揀擇而有所對立。關於這些問題，星雲法師說：「佛教在我國的發展，雖有大小乘的名稱，但並不對立，雖有顯密教的分岐，但並不嚴重，如各家叢林，臺、賢、禪、淨，早晚課誦，皆持密咒，密教道場，亦念顯教經文。大藏經中，多有怛特羅的經典，傳至日本，成為東密，直到晚近，才有東密和藏密的積極弘傳，終使顯密更有進一步的接觸機會。」〔註 17〕對於中國或世界有各種法要，明復法師在談到「佛教中國化」時說：「佛教的傳入，開拓了國人的眼界與胸襟，並激發起國人智慧與熱忱，

〔註 14〕賴建成《吳越佛教之發展》「佛教之中國化」（東吳大學，民 74 年 4 月），頁 1～2。

〔註 15〕拇尾祥雲著、李世傑譯《密教史》（中國佛教雜誌社，民 58 年），頁 78～79。

〔註 16〕佛光山《世界顯密佛學會議實錄》，民國 77 年，頁 59。

〔註 17〕前引書，頁 62～63。

完成世界文化的融匯與創進，使作更高度的展現。」〔註18〕

對於佛教的融通問題，星雲法師說：「佛教流傳至今，已不是某一地區的佛教，也不是某一教派的佛教，佛教的發展，主要是融合貫通——大、小乘的融合貫通，南、北傳的融合貫通，僧、信中的融合貫通，兩眾間的融合貫通，傳統與現代的融合貫通，當然顯、密的融合貫通，更是迫切。」佛教中國化，是人類文化史上極其偉大、宏富的事業。現代的人，已運用網際網路在溝通各項可行性的交流，身處地球村，當誠如星雲法師所的：「我們的主旨，是佛教世界文化的發展，先從自我交流溝通、顯密融合，相行不悖，因為百川河流同歸大海，佛教才能成其寬廣，才能成為今日世界人類的一道光明。」〔註19〕他祈望從空裡，啟發出佛國世界，誠如他在大學裡演講啟發學子們要：「建立以退為進、以無為有、以眾為我、以空為樂的人生觀。」〔註20〕

三、融通上的問題——門風與教學法

（一）包容與主伴

目前台灣宗教派別繁多，而新興教門的人材也輩出，各自標舉山頭門風，行濟化活動，以廣招信眾。當此之時，佛教如要宏傳深遠，理當捨棄門戶之見，放卻各自標榜、讚己毀它的山頭火息氣，以他山之石來攻錯，顯、密融通，使信眾了知其間的同異，以及悟自心、成佛道的入頭處。在民國75年12月26至30日的「顯密融合與世界文化發展」研討會後，拉塔那沙拉法師在參觀普賢寺時說：「幾天來，大家討論有關大乘、小乘、上座部、大眾部、顯教、密教`等問題，至此都結束了，大家相處都很融洽。會議中，大家並討論如何讓顯密圓融在一起，我想，如果每個人都執著於個人最好的一點，就無法融合；若能不固執己見，就能融合。佛教弘傳到許多國家，雖然分成許多宗派與理論，但其根源卻是一樣的。所以我們須能體諒別人，包容別人。」〔註21〕本是同根，志趣因緣不同，發展各異，以分宗為分工合作看，則思惟是善。

〔註18〕《吳越佛教之發展》（東吳大學，民74年），頁3。〈佛教之中國化〉一文，是吾寫碩士論文時，明復法師幫我修改的文章，可視為其個人對佛法特質的見解。
〔註19〕《世界顯密佛學會議實錄》，頁63。
〔註20〕陳秋雲〈兩大宗師對談生命〉，《聯合報》「生活」A6，民99年6月9日。
〔註21〕《世界顯密佛學會議實錄》，頁65。

　　由經文中，常見顯密的主伴、佛菩薩的主伴現象，所以修學上可以一門為主、他門為伴，待到轉依之境，行人方知門門確實互通、互攝，如人之六根與制心問題。淨空法師說：「無論我們修哪一個法門，對於修不同法門的人，一定要起恭敬心、平等心；絕對不會說：『我這個法門好，你那個法門不如我，你比我差多了。』這樣就生起傲慢，生起煩惱那不是佛法。」〔註22〕對諸法不起觀行與對治問題，道信有云：「境緣無好醜，好醜起於心；心若不強名，妄情從何起。妄情既不起，真心任遍知；汝但隨心自在，無復對治。」〔註23〕因此，隨喜功德是極為殊勝的。

（二）根器與修學

　　學佛法當適合根性，一門深入修習；而學佛之人最大的障礙，就是妄想。〔註24〕佛門中人不棄未悟，不嫌初學，如某大德聽聞年輕法師講經，風雨無阻，直說：「講得好！」法師為此一聽眾邁力準備，乃至圓熟教法，說法善巧。燈錄或祖師言教，雖常讚己宗殊勝，抑揚他教難行，這是門風與教學法使然，但初學者或有不解，以為他教不如己宗殊勝，而起謗垢。宗門有云：「古人到此，為何不住？」師云：「途路不得力！」僧云：「那又如何？」師云：「千山萬壑去！」

　　學佛人當知真實義，不昧因果，此乃重視行人的「法性慧命」故。佛以一大事因緣住世行化，法海深廣，但只有一味。行人根器如何？因緣在何處？為師者當善觀察，莫自誤誤人，自己不能教導者當承讓給善友去度化，方合因緣所生法。宗門有云：「開心果子合盤來，和者會取。」佛門諸宗師在佛寺道場，開示演法，而行人要能夠修證有方，唯賴自己信入得法，上進心去會取，乃方有親切份在，不然行同陌路，久說教法無益於事。正因、正果純正，好辦事。

　　顯密融通會後，已過20年，書籍、網路常見說他宗為邪、行人為魔；或說己宗正純，有師承、印信，他教不足信賴，因禪定中示現、夢中付囑，不足以為憑據，而宗門、密教都是祖師密付囑。或說他人迷信，己是正宗，殊不知眾生的根器不同與因緣有別，且他人信仰與自我亦有其理性成份、現實性，以及存在的緣與境。大乘佛法，講求心、佛、眾生三無差別，行人定有悟自心

〔註22〕《地藏經的啟示》（屏東：阿西國工作站，民85年10月），頁62。
〔註23〕《景德傳燈錄》卷四〈法融禪師傳〉。
〔註24〕《白公上人光壽錄》「民國55年──談三慧」，頁523。

即身成佛之時，但看劫數若何。自利利他，也可說是一種給別人機會也給自己悟入的機會。學顯、密教法，不僅在禪定中修，出禪時的緣與境，亦可修習各種法要，以成佛道。修習佛道，不在法的殊勝，而是著重在 12 時中的心行；行人苟能做到佛法所說的正知、正見與正業、正思維，也就是說「聞思修」〔註25〕、「信願行」一路貫穿，就顯得格外重要，而神通雖有其妙用，但非精嚴此道中人卻可存而不論，以免謗法。

（三）禪淨密與明自心

中國的佛法，修明心見性的法門很多，然太虛法師說是「以禪為核心」。月溪法師說：「各人說一派，究竟照哪一派去修，我們沒法子分別哪一派是、哪一派非，我們沒法子決定。只有照著釋迦牟尼佛這三個（奢摩他、三摩提、禪那）法門去修，就是十方三世諸佛，也是從這三個法門，釋迦牟尼佛也不出這三個法門，古今一切祖師，亦不出這三個法門，我們現在照著這三個法門選擇去修，是不會走錯路的，就是佛說，欲知三叉門路，須問過來上人。」〔註26〕而明復法師說：「即禪即淨即密。」行人反觀、反聽、反聞、反嘗、反覺、反念自性，湛然無為，心中有個王，唯人自知唯人自親。佛教法門，八萬四千，門門可入道，所以《楞嚴經》上說：「歸元無二路，方便有多門。」多門中有仗自力如禪宗、教門，有仗佛力如密宗與淨土宗者。〔註27〕有人認為淨土便捷、密法殊勝、宗門玄秘而去修學，但沒發菩提心，以及不具足顯教知識之大義，入寶山空回，甚為可惜。有些人以為顯教修持太慢，太平淡，以為密法可速成及可神通變化，而貪圖密宗行法，反成障礙。顯教禪修、禪悟後行人的生活雖平淡，但其人一切放空、明光朗朗，有智慧依靠，俗人難知。所以古人云：「寧可千世不悟，不可一世著魔。」君不見陳建民，由禪入密，多方參訪善友，勤修口訣、師法，乃能自增上，而成就非凡。〔註28〕在台灣有些人為求財，而學些咒子，有些人趕時髦，對密宗法會也會隨喜參加結緣，

〔註25〕釋白聖〈談三慧〉，《白公上人光壽錄》「民國 55 年」，頁 520（於三慧講堂）云：「例如有人教我們念佛法門，我們聽了以後，自己思考思考，如果認為這個法門很容易入手，適合本人的根性，那麼就可以認真去念佛，一定會成功的；其他西行法門，也是如此。」

〔註26〕《大方廣圓覺修多羅了義經疏》（宏祥印刷行，民 86 年 6 月），頁 17。

〔註27〕王博謙〈修行人應當修淨土〉，《學佛淺說》（佛陀教育基金會印行，民 82 年），頁 35～36。

〔註28〕參見陳浩望《佛學泰斗陳健民》，《宗教文化》，民 87 年 11 月。

或因果病去灌個頂消消業障，還有一些人根本不敢和密教接觸，怕修行路上出差錯，甚有因誤解而排斥者。

關於密宗與禪宗，民國 57 年時白聖法師說：「惜乎大陸的密教同樣受到共匪迫害摧殘的命運，現所保有者，僅日本與我們台灣，及印度、美國等數處，但並不普及。佛教在一般美國人士心目中一向是陌生的，今天美國佛教能有興盛氣象，也是近 20 年的事（中略）。密教的本身，似乎具有一種神秘性，在時代苦悶的今天，信仰的人就多了，所以密教在美國各處的發展也就比較迅速。禪宗在美國是最興盛的宗派，也是最受歡迎的，多係日本人在那裡弘傳，二次大戰後，中國禪宗在美國也有一席之地，現正迅速地傳播與成長中。據說現在美國人已敦聘了專家們從事於禪宗各種專集、公案、語錄的翻譯，大有以科學精神來研究禪得趨勢。」〔註29〕關於台灣人學密法的方法與心態問題，宋聲華在〈修學密教之淺言〉文中說：「在藏密的系統中，是密法。但台灣就不太一樣，也是大家福報比較好，四處都有法會灌頂，可以學到很多密法。很多人經常的趕法會，從南灌到北，所有的法都灌光了，但一些基本修行的次第及福慧資糧累積的不夠，修也修不出什麼，再來也不知道怎麼辦。」〔註30〕踏實，很是重要。學佛法在發心，禪、淨、密三種法門，可以稍微去了解一下，肯痛下決心，就可選擇一個法門直下深入。「法門不在方便或殊勝，簡單或繁瑣，完全在於一個下手處，及一個恆常心、持久心，只要我們能掌握這些，修持起來都可以成功的。」〔註31〕古德之言，是說學佛人當知法門平等，無有高下，乃能於學法上逐漸體會主伴、自他圓融無礙。然用功時，只有一個正見，忍受磨練，經得起考驗。

四、顯、密的異同

（一）大悲心與菩提心

大乘佛法極強調佛與眾生「同一體性」，也就是說佛菩薩看一切眾生與自身如同一體，而有著同體大悲的心。這大悲心，是我們學佛的根本。《華嚴經》上說：「諸佛如來，以大悲心而為體故，因於眾生而起大悲，因於大悲心生菩提心，因菩提心成等正覺。」黃念祖居士在〈佛教的大光明與大安樂〉文中

〔註29〕釋白聖〈甲辰粥演說辭〉，《白公上人光壽錄》「民國 57 年」，頁 586。
〔註30〕《禪門法語新知 10》（禪門出版社印行，民 82 年），頁 45。
〔註31〕前引書，頁 43。

說：「不管佛教哪一宗，都必須從慈悲心去出發。阿修羅都有本領，所欠缺的就只是慈悲心。所以你沒有慈悲心去修練，總之是盲修瞎練，成為阿修羅而後已。密宗《毘盧遮那經》也說：『大悲為根。』第一句話就是要從大悲心出發。可見顯教、密宗同一根本。……如果沒有慈悲心，只是去修氣，不管修什麼練什麼，最後都要成為魔的眷屬。……《毘盧遮那經》在大悲為根之下，緊接著便是菩提為因。菩提的意思就是覺悟，也就是佛。……菩提為因，就等於是說，咱們現在播種，你種了一個佛的種子，將來他就要結出佛的果。所以說大悲為根，菩提為因。這同《華嚴經》說：『因菩提心成等正覺。』完全是一味的。」〔註32〕學佛者如果對一切境界，都能清楚地觀照了別，並保持心中不動，就不會墮入魔趣，而自然地能達到勝妙之境以渡化眾生，出離苦海，當中「悲智雙運」是很重要的。白聖長老在〈淨土三要〉文中說：「我門修持淨土法門，必須信、願、行的三資糧具備，方克達到往生西方花開見佛、聞法悟道的目的。」〔註33〕

（二）大光明與大安樂

學佛以慧光破無明，自覺覺他，自他俱利，因此光明與安樂實非世間一切諸法所能比擬，故稱為大。佛教以大光明來表示本來的妙明真心，從佛的本體流露出大安樂的妙用，就能普令一切眾生都能因妙法光明消除自身的癡暗，而離苦得樂。《大智度論》上說：「光明有兩種，一者色光，二者智慧光。」曇鸞大師說：「佛光能破無明闇，故佛又號智慧光。」修淨土法門者，常提舉依佛加被力，往生西方極樂淨土，且有強調修密加持易得力者如慧明法師；另有入門在密，而行履在淨土者如黃念祖；或有身在禪門，而行履在淨土者，如永明延壽與虛雲法師。

《大日經》上說，大日如來所安住處，是不壞金剛光明殿。金剛表堅固，永遠不滅不滅。光明心殿，表示身住於心、心住於身的不思議妙境。由《思益經》、《大日經》、《無量壽經》中得知，大光明就是佛之身、佛之心、佛之土，有體有用。說到禪門，黃念祖居士說：「再看，禪宗黃檗的師父百丈禪師，他就說：『靈光獨耀，迴脫根塵。』」悟人的心，迴然超脫六根六塵，只是一片靈光單獨照耀。這也是拿光明闡喻這個心不與萬法為侶，心光寂然朗照之象。黃檗的弟子臨濟禪師說：『歷歷孤明。』歷歷是清清楚楚，綿密

〔註32〕《心聲錄》（佛陀教育基金會，民83年），頁244～245。
〔註33〕《白公上人光壽錄》「民國57年」，頁572。

不斷；孤，就是不與一切為侶伴，馨然獨存；明，就是光明、明白、本明。也是同樣說明本心。」〔註34〕

更殊勝的是，使每一個眾生能常住於大光明的本體，而得到大安樂，這是十方諸佛的本懷。此如來的本心，是以《毘盧遮那經》所說的大悲為根，菩提為因，「信為能入，若無信者，雖在佛法，終無所獲。」〔註35〕《阿彌陀經》說非世間有的「極樂」，《涅槃經》指出生滅滅已的「寂滅為樂」、「常樂我淨」。《首楞嚴經》「觀音圓通章」說，觀音返聞自性，在「生滅滅已」之後「寂滅現前」，馬上超越世出世間，得兩種殊勝。正與《涅槃》的「寂滅為樂」同旨，「寂滅為樂」，這是真實究竟的大安樂。黃念祖居士接著說：「禪宗常說：『火盡灰寒，忽然從冷灰裏暴出一顆熱豆。』所以禪宗說必須大死才能大活，絕後更甦才是真活。這與《涅槃》、《楞嚴》同一氣氛。冷灰爆出熱豆，才是悟境。如同萬里尋親，突於十字街頭，一眼看見親爹，這時歡喜，不可形容，這正是大安樂。」〔註36〕

（三）皈依與善知識

顯教、密宗，皆重視皈依。在發菩提心之前，應先皈依跟發心。太虛大師在宣講〈菩薩學處〉文時說：「菩薩學處兩重三皈，是建設佛教堅固基層的基礎。佛教的中心雖著重在伽藍清淨僧伽，但整個的基礎應建築在多數大眾的信仰心上。」〔註37〕學大乘佛法，信為能入，修心為要，善友為伴。所以劉洙源在〈為何事──明心見性〉文中說：「經云：『未知真實法，不名為布施。未知真實法，不名為供養。』余今例此，再作數語：『未知真實法，不名為念佛。未知真實法，不名為持咒。未知真實法，不名修觀。』君未說到真實處，所以我不認可。」〔註38〕依此，不知真實法，不名為真皈依，美其名結緣而矣。不知真實法，不名為上師，不名為善友。所以宗門特重學有師承宗旨，以及密付授，行人未悟前師度，悟後則自度，學人自通宗，事見《古尊宿語錄》。還有學佛法，因根器各有其前行。

學密宗，尋求一位真正有傳承、且是修持心地法門的金剛上師，是最重要的一件事。密宗有其殊勝處，傳法要先揀擇對象，皈依乃能如法。如「貢噶

〔註34〕釋湛愚，前引書，頁234～235。
〔註35〕《修習止觀坐禪法要》「棄蓋第三」，頁18。
〔註36〕黃念祖，《心聲錄》（佛陀教育基金會，民88年7月），頁236～237。
〔註37〕《海潮音》第28卷第9期。
〔註38〕劉洙源《佛法要領》（晨曦文化事業，民82年），頁11。

傳法時，雖慈悲過人，但要求極嚴，在南京大油坊巷諾那精舍傳某大法時，參加的弟子，都事先登記，方准進入道場；傳法不久，貢師忽停止不傳，原來有兩個未經皈依的弟子混入道場貢噶未知而覺。主持人檢察在場弟子，果然有兩個沒皈依的人混進道場；貢噶曉諭他倆說：『你二人如果真心求法，應立即皈依，皈依了，滿你們願，否則立即離開。』二人當下皈依。」〔註39〕皈依是為了尊重法的緣故，禮敬後受學。

顯教也特別重視師承，以及師尊之教誡，這些教誡也是修學上的口訣。淨空法師說：「要學東西，就要一個老師跟到底。……修學的方法非常重要，一定要遵守，接受老師的教導，先求根本智。根本智是清淨心，心地清淨就生智慧，心不清淨則所學的東西是知見。」〔註40〕如修行方法錯誤，我們沒有修到根本智，更何況是想得到圓滿的後得智。而宗門度人，則強調要善說教法，不能只是一味通說。

密宗對上師的要求甚高，因行人是要從上師或法師的佛知見及德行上著手，而非比哪一位師父神通廣大。李振明在〈何謂正知見〉文中引上師話說：「你不需急著要皈依本門圓覺宗。多看，多比較，多探討，等你看滿意了，再來皈依。但皈依以後，就必須專心修持，一心淨信，不要再亂跑道場。因為密宗與顯教不同點之一，是顯教法師同時皈依好多位都可以，因為深研教理是學佛必備條件；但欲修學密宗，就必須確立一位根本上師做為依止，方有可能成就。」〔註41〕顯教三皈，皈依佛、法、僧。密宗特重集三寶於一身的上師，故加列皈依上師，為四皈依。又以上師親授的恩情最大，故列於四皈依之首。上師為傳承之代表，故此中即包含皈依傳承歷代祖師，故密法特重傳承。〔註42〕

（四）修法與妙用

學密法，「一師一法一尊」，乃成就的捷徑。談到顯教，淨空法師有感觸地說：「佛法在台灣不能說不興盛，但這是幾十年來，真正修行有證悟的人，沒有見到，原因在修行方法錯誤。古人的修法，是五年學戒，這是打地基。學戒不是學戒律，是遵守老師的教誡。」〔註43〕其說法，極近密宗。「密宗行者

〔註39〕陳浩望《佛教泰斗陳健民》（宗教文化，民87年11月），頁64～65。
〔註40〕釋淨空《地藏經的啟示》（屏東：阿西國工作站，民85年10月），頁20。
〔註41〕李振明《修密基本問答》（諾那華藏精舍，民86年），頁2。
〔註42〕《密乘初階》（文殊佛教文化中心印行，民76年），頁25。
〔註43〕釋淨空《地藏經的啟示》，頁19。

修持的感應與成就，完全在於有無遵守密宗戒，而密宗戒的重點，又在於上師。只要行者一心淨信上師的教導，力行密宗戒（三昧耶戒），以清淨的身口意修持，一定很快就可以得到成就的。」密宗同禪門，需有堅忍根器，且要持久的苦修，然密宗比禪門有極大的危險性，禪門徹悟不成，形同外道，「不了大事者，容易流於狂妄、驕慢」；葉曼教授引陳健民的話說：「修密宗有極大危險，如蛇爬行，非上行，即下墮金剛地獄，沒有其他路途，有此根器者也少，一般都流於冒濫且冒充上師多。」〔註44〕因修密法，感應多，修大法，障礙特多，此乃多生宿業一生了脫故。學密法要依止上師，「必需發大菩提心，持咒修法，皆為眾生而修。如此不僅可減少業力牽引，更可快速成就矣。」〔註45〕所以學密法，重視上師相應法以及法本的傳授。

顯密同樣重視止、觀法門，而密法特重觀想的殊勝方法。「密法的修證，除上師之加持外，尚賴本尊、空行與護法之垂顧。通常以上師為根本，本尊為成就根本，空行與護法為事業根本。」〔註46〕而顯密之異同，密宗行人說：「大乘分為波羅密乘（顯教）和金剛乘（密宗）兩種。此兩道的目標，都在成就圓滿一切功德的佛果。不同的地方，乃在於證得佛果的修行方法上。在修行的方法中，顯教與密宗對正見（空性的見解）、發心樂意（為利益一切眾生發無上菩提心）及修持六度萬行，都沒有什麼不同。其最主要差別，就在密宗有成辦利他之法、報、化三身齊修齊證的殊勝法門。」〔註47〕學顯教，要養成平常心是道，而淨覺隨緣，以無功用行為上，然私下還是說緣法與感應事跡，啟發後學的法性慧命，以成辦大事。密法中則有許多特殊的東西，與世間法還頗契合的如財神法之類，這些方便法是為了接引眾生；此外，轉世活佛，也有其政治意味與行人法性得以承續，乃至成佛以圓滿法性之說。漢地有前世後身之說，但行履不同，如法眼宗的天台德韶，前身是天台智者大師。酒肉為顯教大戒，密宗用酒肉葷腥供佛，且行者多不吃素。諾那祖師開示說：「生佛之心，因淨垢不同。」密宗供物、飲食，亦不忘佛之觀想，上師傳法或「先以欲勾牽，再令其入佛智。」如修財神法要相應，第一先要發為眾生求財利之心，第二要有布施之善行善願。此如顯教所云：「遇邪師，不發願

〔註44〕陳浩望《佛學泰斗陳健民》，頁 101。
〔註45〕李振明《修密基本問答》，頁 43。
〔註46〕《密乘初階》，頁 25。
〔註47〕李振明《修密基本問答》，頁 19。

行，發願則危險。」出發點以持心為要，為利益眾生，可以方便開緣。〔註48〕
關於聞思修，古德說：「聽教要在消歸自性，修行要在轉識成智。」

五、承先啟後的進路

佛教在東亞各地大為隆盛的原因，心源法師說：「決不是單因出世間方面，有其優秀的價值，而是在社會（世間）方面，也大大的發揮其有用性。」〔註49〕對於佛教的五乘教法，明復法師說：「這本是依據修學者根器所設的方便，後來卻不期而然地影響到其流布情形。小乘教易為文化積累淺薄、社會結構簡陋的地區所接受；而大乘則必須文化昌明、社會繁密的民族始能信奉。若就其流布的時間次第以觀，每每人天教、小乘教先行，大乘教後繼，而促成流布地區的文化昇華、生活富樂，化娑婆為淨土，變穢界為佛國。」心源法師說：「佛教的社會理想，如大乘諸經所說，盡在於『淨佛國土、成就眾生』的二句。」〔註50〕這是大乘顯密佛子的責任，也就是說：「解脫不是唯我一人的，而是普勸同行，願共諸眾生為理想。修行不是一個人的私事，而是普皆回向的公道。佛教的樂土，不是自己一人的法悅之境，而是諸上善人俱會一處的淨土。」〔註51〕這樣徹底而雄偉的教理，在世界上是他教無可比擬的，我們信之是共業所感。身為佛子，不論顯密，在社會道德與事業上，當有更開闊的胸襟，方合乎「佛心是大慈悲心」的理念。當前的佛教教團在現代化進程〔註52〕中，有其優點也有其局限性。

（一）三福與僧信品質〔註53〕

人天福報、出離心行、菩薩學處，是三世諸佛的正因。淨空法師說：「這三福就是大乘佛法的基礎。」現代人把這個基礎疏忽了，沒有真正的修行，口裏念佛，心裏沒佛，怎會有成就。顯密皆重視善知識與正信，依善友與明師學習，不墮惡趣，且易得成就。所以佛教特重法性慧命，不妄說得，不亂傳

〔註48〕關於慎發心以及邪方便的危險，參見釋白聖〈我們學院的宗旨〉，《白公上人光壽錄》「民國47年」，頁348。

〔註49〕釋心源《指月集》（東和禪寺印行，民69年），頁118。

〔註50〕釋心源，前引書，頁107。

〔註51〕釋心源，前引書，頁109～110。

〔註52〕黃嵩修以為宗教現代化的課題，可以包括思想的現代化、現代化的制度及組織、與當代社會思想的對話、宗教師現代知識的回應與責任、面對社會環境的快速變遷及適應。

〔註53〕釋淨空《地藏經的啟示》，頁5、127。

授，不輕初學與未悟心地者。正法要久住，僧信都要發心此生盡量做到如禪德所說的「個個人模人樣」。所以學佛法，依根器受學，信入最為第一。台灣的人間佛教，被說成是：「活動多，熱鬧，但僧眾、信徒身心煩惱問題排除能力的培養不足，被譏為只求人天福報。」所以，當「重視禪修方法的普及和解脫煩惱智慧的開發。」〔註54〕傳統教團的僧尼，都還擔心禪修問題與將來行履，更何況是人間佛教教團。黃嵩修說：「強調生活及信仰的融合，容易變成『戀世』、『俗化』，而忽略佛法究極理想的追求。」〔註55〕因此，深度佛法的再教育，以及信仰品質的提昇，對出家在家兩眾都顯得格外重要。在台灣僧不僧俗不俗的現象，在有佛教之初迄今都沒有間斷過，由此看來佛教徒說是為佛教、護教，但要遠離錢財、名聞、地位等，實在不是一件容易的事情。就印光法師而言，這種現象，當是起頭的人帶不好的緣故。法藏法師說：「既然與智慧相應，則一切護法、弘法之活動，自然會因地真確（不只是徒然的募錢之類）；其活動之安排，自然就能善巧而不流俗氣（不會只是蓋廟、搞名堂、愛熱鬧，而與修行增上不相應）；其化導與風格，自然就能溫厚而不存霸氣；其所建立之佛教形象，自然就能對社會風氣，生起潛移默化之效果。如此護持三寶，既是修福也是修慧，既是利他也是自修，如此逐漸累積福慧資糧，誠可謂與自覺覺他、覺行圓滿相應矣！願居士勉之！」〔註56〕護持三寶，基本上不應該只視為白衣的責任或義務而已，亦應該認作是一切佛子，不論其在家出家的學佛、行佛、修福、修慧的重要修持與功課之一，也是推行人間佛教的最好保護網。

（二）現代化與道場──學會與學院、建築現代化〔註57〕

不怕落入村草，人間好辦事，合塵以同光。打破子孫廟與以寺院為尊的山頭主義，效法古德在十字街頭宏化的精神，善用人力資源與科技媒體，為佛法盡形壽。如雪謙冉江仁波切云：「菩薩了知個人與一切現象，因而將所有現象視為如夢或如幻。然而，他對於究竟真理（勝義諦）的了解並不會使他忽略了相對真理（世俗諦），仍舊以慈悲與悲心，圓滿地依止業果法則，持守

〔註54〕黃菘修〈印順導師思想及台灣佛教現代化〉，《中佛青》第43期（中華民國佛教青年會，民88年4月），頁21。
〔註55〕黃菘修〈印順導師思想及台灣佛教現代化〉，《中佛青》第43期，頁21。
〔註56〕釋法藏〈勉居士如法護持三寶〉，《妙法月刊》第133期，頁39～40。
〔註57〕釋淨空《地藏經的啟示》「念法」，頁126。

言行。為了一切受苦眾生，誓言為利益眾生而證悟的菩薩，生起無盡慈悲，孜孜不倦地利益眾生。但他慈悲與智慧雙運，證得離於執著的究竟自性，使他安住於無別勝義諦的廣大平等中。」〔註58〕學佛的人要稱法行，使其能在萬象中獨露身，又能化眾成己佛道，所以不論其是一人獨行自修或是處眾辦道，都應該有如是的德行。佛教徒在學佛之路上，如果連自己都不能「日用中行禪」，那他如何能引導世人學佛，尤其是講究理性、崇尚科學的西方人，還有唯物、無神論的大陸中共。明復法師強調佛教徒要有禪的趣味，修行之路乃能活潑生動，而不是一片死寂、落漠。修行要有善知識引導，但善友未必都在大廟、名山中才能找得到。此外佛子真的要有禪的生活，陳健民說：「修行是無時不可、非處無師的。其實，無處不是佛陀加被之地。宇宙，就像是大教堂；一切現象，即是書本；一切有情，都是我的上師；一切音聲，是咒語；一切空間，是廟堂；而我們，得用一切時間去行善。若我們能善巧調御自己的生活，便會有許多機會來修生活瑜伽了。」〔註59〕

1. 佛教會與學會——由縣、國到世界有嚴密與健全的組織〔註60〕

擺脫寺院宏法的窠臼，加入正信的社群的薰習正法，以及學習上的善巧方便，給人機會，也給自己除卻貢高我慢的機會，使覺行得以更加淨明，四部眾各司其職。相同理念人的聚合，各展所能，如此從先行自化做起，自化乃能化他，化世必在益人，佛教走入人間；佛教也因此逐漸擺脫政治、人治的枷鎖，變成一種容易親近、不束縛人的宗教。

2. 大道場與廣播事業——電視台與衛星台廣播節目〔註61〕

當前是網際網路的時代，傳播佛法已是大為方便，不必如往昔僅靠寺院道場的法會活動，講經說法是人人可以聽聞的，不必在意身份或者是時空環境，乃至於宗教信仰的關係。聞思修在當下完成，真善念在淨心上成就，豈不美哉？佛法人人得聞，得以自會取，耕雲先生說：「出家人修行有寺院，在家修行只有一個家庭。齊家就是建立道場，然後運用道場。」〔註62〕佛教人

〔註58〕雪謙冉江仁波切《唵嘛呢貝美吽——證悟者的心要寶藏》（橡樹林文化，2004年），頁12。

〔註59〕陳健民《佛教禪定》「附錄三生活瑜伽」（北京：宗教文化出版社，2003年12月），頁412。

〔註60〕釋太虛《菩薩學處》「結勸修學」。

〔註61〕釋淨空《地藏經的啟示》，頁126。

〔註62〕耕雲先生《安祥禪》（台北：中華禪學雜誌社，1995年9月），頁329。民國

生化,道場民間化,何處不是道場。

　　對於人間佛教的榮景,黃崧修說其:「吸收龐大的社會資源,但相對的對社會責任的承擔,只是片面,社會大眾難免有更高的期待,但相對的期待越高,落差就越大。」所以當加強公眾服務的深度與廣度,並積極與社會互動。〔註63〕

(三)包容與融通——自由、平等與和樂

　　如佛陀所說的:「大海只有一味,那就是鹹的味道;就如佛法深廣如海,但只有一味,那就是從煩惱痛苦中解脫出來的自由之味。」放下、捨得,當下心中即空樂明淨。在教法上,講究傳統與傳承、本土化、現代化與創新。在濟化上,則隨緣任運,求效力與周延,由充滿愛心到大慈大悲,才真能為人類服務。

　　當代人間佛教教團在佛化人生上,貢獻很多,深受讚許。〔註64〕至於佛教對世界文明之貢獻,明復法師曾提出中國史上的五乘佛教及其發展,然佛教文化之發展卻受限於王權的專制而沒有獲得良好的發揮,反而受限於儒家的宗法制度。〔註65〕而星雲法師也提出五乘佛法的思想,說:「佛教不光是出

　　80年代大陸產生禪學熱,影響其最大的是來自台灣與日本人的作品。禪史方面有印順的《中國禪宗史》,禪史與解釋上是鈴木大拙的作品,在禪的活用與發揮方面是耕雲先生的《安祥禪》,以及李元松的現代禪,在禪知識上是南懷瑾的作品。有關大陸禪學熱,參見刑東風〈當代禪學熱現象研究〉,《普門學報》第35期,頁283~321。大陸人吸收台灣的東西很快,民國75年我在草山讀博士,跟明復法師修學已經二年了,平時靜坐、參禪、持密咒,同學阿真迷上現代禪,我在實修從來不會迷上別人的珍。後來在佛光山研討會上,我提到現代禪,會後一位學者驚訝地說:「台灣居然還有這種現象!」我就跟他介紹了。我發表禪宗史論文時,現代禪與安祥禪(是書,1993年8月初版)轉到大陸去了;幾十年來我書架上堆上的氣功、禪、道、密、儒等文化書籍,正應合著大陸的氣功熱、易經熱、禪學熱、傳統文化熱的流行,我只多了他們密宗熱的東西。

〔註63〕黃崧修〈印順導師思想及台灣佛教現代化〉,《中佛青》第43期,頁21。

〔註64〕徐玉蘭〈道德能量性是維繫道教繼承與發展的血液和命脈〉,《第四屆香港道教文化國際研討會論文集》,頁50云:云:「道教的入世弘揚需要吐故納新。在為之於細方面,佛家做出了很好的表率,其足跡幾乎遍及了自然、社會、人文、家庭倫理、文化教育以及音美學科等所有領域,並且利用現代科技,極力豐富宣傳的方法、種類和形式,豐富多彩的方式拉近了佛學與人們現實生活的反差與距離。在生活、工作、學習以及衣食住行等各個領域中,幾乎都可以看到佛學善意的滲透和指導。」

〔註65〕參見賴建成《吳越佛教之發展》「佛教中國化」(中國學術著作獎助委員會,

家人所持有的修行準則，而是世間大眾共有的人生指南。」「凡是符合佛法傳統的，有益於現代的社會，這都是每一個人間佛教奉行者不可推卸的責任。」因此，他不主張「去中國化」，「一旦去中國化後，祖庭沒有了同學沒有了，師長沒有了，什麼都沒有了。」〔註66〕在他的心目中，不僅是佛教推進大陸的課題，一切為了佛教，一切為了成人。在藏傳佛教全球化的過程中，台灣的歷史地位就更為突出了，雙方的在接觸是從舊有、既有的基礎上發展，另一方面台灣在宗教全球過程中也一直扮演著重要角色。鄭志明說：「隨著台灣開放的環境與人口的世界性流動，全球個地宗教浪潮幾乎一波波地湧入台灣，個自探尋與開拓其發展的因緣，這些宗教團體規模或許不大，種類卻極多樣與複雜，稱台灣為世界宗教的博覽會是相當貼切。台灣不只是全球宗教的輸入國，同時也是輸出大國，主要以佛教、一貫道與各種新興宗教教團，如佛光山、慈濟功德會等已成為全球化的大型宗教組織，其他個佛教山頭也紛紛建立海外據點（中略）。台灣可以說是宗教全球話的核心，是處在時空壓縮的全球環境裡，共享全球認同與精神認知。藏傳佛教以其在西方社會的宣教經驗，以智慧開啟的修行方式，順應著全球化的風潮紛紛地轉進台灣。」〔註67〕但其在台灣所面臨的，是顯教教團的共通習性。黃崧修說：「過於強大的『大我』，而造成排他效應。」〔註68〕這是因為山頭主義作祟，以及「無我」教誨沒有真正落實的關係，說穿了都是人為的無意有意之間縱容自己心行所造成的。除了皈依三寶之外，法藏法師在〈勉居士如法護持三寶〉文中說：「既是護僧，就不是利用僧以圖利個人、壯大自己，乃至輕慢出家人、支使出家人，爭著做『第4寶』。再者當知，僧為和合相處的『出家大眾』，護僧即是以廣平等心，無高下心、等恭敬心、真歡喜心而視一切僧伽，護持所有僧眾。（中略）尤其不宜搶師父，擁師自重，輕視其他僧伽，乃至以『大居士』、『大護法』自詡（中略），尤不可攏斷他人親近師父之機會，將師父據為己有。（此尤以女居士為誡！）再者護持師父當量力、量能而為，切不可一味投入，而影

民79年4月），頁1～11。

〔註66〕釋星雲〈中國文化與五乘佛法〉，《普門學報》第35期，頁1～13。

〔註67〕鄭志明〈藏傳佛教在台灣發展的現況與省思〉，《普門學報》第30期，頁11。其說，除了顯密佛教之外，「一貫道的各個支系在東南亞、澳洲、美洲、歐洲等地有相當大的勢力，新興宗教如盧勝彥、清海等人教團也遍及五大洲，其他宗教或氣功團體也各因其海外關係而擴散。」

〔註68〕黃崧修〈印順導師思想及台灣佛教現代化〉，《中佛青》第43期，頁21。

響家庭及事業。（中略）雖然，個人不妨有較為親近、投機之依止師，但應認知這是個人修學之事，而護持三寶卻是佛教整體之事，關係著佛教界的興衰。因此，也不必拘泥所謂『一師一道』（那是個人份上事），更不要一味地『錦上添花』，而不知尚須『雪中送炭』。畢竟，讓佛教的護法資源過度地集中，於佛教整體長久的發展，是不但無益反而有害的。」〔註69〕

（四）災區榮景——當下的愛與感恩的心行

由台灣佛教各宗教並弘上來看，雖難免讓人覺得有其隱憂在，但從另一方面來思索，是宗教自由的一種象徵；人民遊宗的機會多，可審細選擇要拜哪一種宗師與信哪一種門風，如能信受則入其門學習教法，護持其志行。如此現象，可以看出民眾的覺知提昇了，不似以往直在斥責那些近僧尼與入廟門者為迷信；其心從妄執轉為謙卑、恭敬與仰慕，大有助於人間佛教的發展。

傳統的宗教不論僧俗，都以大量資源、多人次地投入世界各地的慈善活動，包括救災與醫療；政府公部門的教育部，也在各級學校仿效宗教人士的作為，糾集師生們在做服務學習的工作。慈濟人在台灣、中國救災的場面，讓世人的心為之一動，念頭一轉，想到的是政府公部門此時在做甚麼？！有中國人的地方髒亂，連中國人要在日本國內的某鄉村設立華人街，社區的人都反對。台灣則隨處髒亂，慈濟人的掃街義行活動，很多人不知道。證嚴法師說：「台灣每年都有大甲媽祖遶境，人潮洶湧。八、九年來，大甲慈濟人均跟隨在後，人群走過即開始清掃垃圾。今年（民國96年）更進一步事先宣導分類回收，並沿途設點，讓垃圾不落地，環保觀念能更深入人心。這樣行入人群，疼惜環境的行止，遠在馬來西亞的慈濟人，也做到了。」〔註70〕

台灣政府為受災難的原住民遷村，最後是得不到多數居民的喝彩。但印尼的慈濟村，給世人的耳目更是一新。遠自兩百多年前的「紅溪慘案」，近至1998年雅加達的「5月暴動」，在許多印尼華人心中烙下了巨大的陰影；慈濟印尼分會用愛耕耘15年，為華人在印尼400年的滄桑史，創造了一個愛的起點。何日生說：「上人擔憂紅溪河積水不退，會造成嚴重傳染病，因

〔註69〕釋法藏〈勉居士如法護持三寶〉，《妙法月刊》第133期（台南：妙法雜誌社，1999年1月），頁39。

〔註70〕釋證嚴講〈慈濟邁入50年輪——加強八印齊步邁向全球〉，《慈濟》第486期（台北：慈濟人文志業中心，2007年5月），頁9。

此提出五管齊下的辦法——先抽水、清垃圾、消毒、辦義診,然後蓋大愛屋,為災民遷村;並請當地志工結合企業家的力量,共同搶救紅溪河。(中略)2002 年 3 月的一個早晨 83 歲的黃奕聰老先生拿著鏟子鏟下紅溪河畔的第一把垃圾——這一鏟,鏟除了髒亂,鏟除了貧富壁壘,也鏟除了幾個世紀以來族群的仇恨及誤解。一年後,慈濟村終於建好了。災民歡歡喜喜搬進公寓,裡面連家具都準備好了。所有建築只占建地面積的百分之 25,其餘都是空地草皮,孩子們不必再與垃圾為伍,可以自由地在廣場上奔跑、踢球。在經歷種族衝突及仇視之後,印尼華人在慈濟世界裡找到一個與當地人正向互動的方式。這股力量引領 400 年來迭經分爭、誤解、對立的異族同胞互愛互融,也給予當今世界一項重要的啟示——亦即消弭仇恨的唯一方法,是愛。」〔註 71〕

當前宗教界的現代化進程,有的只是辦活動,有的只是討論會,有的只是宣示作用,大部份缺乏積極性、實質性的踐行與追蹤檢討。那些宗教思想的現代化、現代化的制度及組織、與當代社會思想的對話、宗教師現代知識的回應與責任、面對社會環境的快速變遷及適應等意識的覺醒,黃嵩修說:「這些現代化的意識,其實都與思想及教育有非常密切的關係。有些是因為受的教育不足,缺乏知識,有些來自信仰的型態與理念,比如某些佛教徒相信『佛法無邊』(法力無邊),只要修行成功,用神通力這些問題自然迎刃而解。某些信仰者就認定這個娑婆世界,本來就是『五濁惡世』,趕快離開都來不及還想去改進它等等;凡此種種與現代化意識相左的信念充斥,造成前面所述問題進展有限。」〔註 72〕儘管如此,佛教界還是不斷有新的作為與構思出現,如成立僧伽醫護基金會,積極培養人才,在醫護上給予僧伽諸多方便,僧伽安養制度與心理諮詢管道也在進行。佛教界的一些慈善事業的組合不斷地在推展工作,雖然他們在資金跟人力上急需要各方善信的支助,但卻也彌補不少國家社福業務所不及的缺失。台灣宗教的慈善事業之所以重要,不僅是市場無限寬廣,而是國家政策的改變。胡仁瀚在〈大愛不曾間斷〉文中說:「以往,我認為政府的福利服務與民間的慈善工作,是差不多的概念,都在幫助社會弱勢族群。直到我開始了解政府的社會福利政策,才發現這兩者的本質是如此的不同。不少國家的社福政策,已由『福利國家』轉變成『社會投

〔註 71〕何日生〈期待紅溪變清流〉,《慈濟》第 486 期,頁 82~88。
〔註 72〕黃嵩修〈印順導師思想及台灣佛教現代化〉,《中佛青》第 43 期,頁 19~20。

資國家』，幫助方式也多轉成『抵用券』、『職訓』等間接方式；弱勢族群想要得到政府的『直接服務』，是愈來愈難。」〔註73〕台灣的宗教界就是一面接受政府的輔導與服務，一面向各地推行其志業，成功地走向國際舞台，宗教界成為普世教團的數目逐年在增加。

　　台灣的宗教界，就是透過慈善事業，使其能跟各國的慈善團體交流，共同推行濟世救民的工作；在海峽兩岸從事宗教文化之下，最受歡迎以及最強項目的，是宗教界與國民的樂善好施的義舉；此慈善活動，因是無國界、無人種、無語言、無信仰的隔閡之故，連嚴格管制宗教活動的中共當局、對台灣政府向來無好感的西藏流亡政府，都無從拒絕與反對，反而是大表歡迎，因此成了台灣宗教界進軍大陸與其他地區的一種利多、也是一種利器。顯密佛教徒的融通，不僅在遊宗下進行，也在慈善事業中彼此交流，因此獲得進一步的融通；有的華人從遊宗，從而信入、護持密教，且又回國援引更多的顯密信徒從事宗教文化交流上的活動。

　　當前的藏傳佛教，除了在印度紮下根基站穩了腳步，辦佛教學院努力弘法之外，也向世界散佈菩提種子；而中國也積極在復興佛教事業，整體來說藏密算是有興發的榮景在，只要中共不再破壞。〔註74〕藏密在台灣的風行，學者與教界都在檢討其發展，外道或學者著重的是佛教的外部發展，佛教界則正視整體佛教的發展，看顯密融通的現象、密宗熱的弊端〔註75〕之後，通盤地提出呼籲，如《慧炬》月刊就是一個實例。對於如何正視藏傳佛教，「有些門外漢會覺得藏純佛教的儀軌、名相錯綜複雜，各個教派之間互相辯論品評，似乎難以達成共識。究其原因，儘管每一個教派之間，存在著細節上的一些差別，但從本質上講，彼此的修法與關鍵的見解完全一致，這一點各大教派皆如是說。藏傳各教僅僅是各傳承上師的實踐和引導弟子的傳承不同而逐步形成不同名稱的教派而已。其根本教義是一致的，都是傳承自釋迦牟尼

〔註73〕胡仁瀚在〈大愛不曾間斷〉，《慈濟》第 479 期（台北：慈濟人文志業中心，2006 年 10 月），頁 99。

〔註74〕關於文革時期中共對藏傳佛教的破壞及藏傳佛教的復興情形，參見宗薩欽哲仁波切〈我的堪布──貢噶旺秋〉，《慧炬》第 549 期，頁 24～30。文中說：「在文化大革命最嚴重的時期，所有的事都非常嚴格的限制。那時不要說沒有經書、論著，甚至喉結都不能動一下，只要喉結一動，獄卒馬上會說犯人一定在偷偷念咒，反革命等等。」

〔註75〕關於台灣密宗的流弊及其因應之道，參見慧炬編輯室整理〈喇嘛〉，《慧炬》第 549 期，頁 64～66。

的教法。」〔註76〕「近幾十年來，以藏傳佛教為主的雪域民族傳統文化，受到世界各地的重視和研究，而形成一股新的人文熱潮。」〔註77〕藏密對於修法一向神秘，但從他們離開中國四處行化之後，密宗除了書籍、佛像已經公開之外，一些具體的修法和訣竅仍隱藏在成就的上師們心裡；對密宗行人而言，他們也在向教內呼籲：「對待密宗的佛像，不能根據外表胡亂猜測。實際上，每尊佛像的任何一個具體細節，都有內、外、密三種意義，這些細節顯示了整個佛教的慈悲和智慧的總集。所以，任何人都不該輕易評價任何一種佛教的修法或派系，這是佛教弟子應該堅守的重要原則。」〔註78〕至於台灣在諸系佛法的融會之下，顯教中人在觀念上也有所轉變，有云：「無論大乘、小乘還是金剛乘，各教派間的差異，只是專門研究佛教的學者，其論證觀點的不同罷了，並不表示佛教內部有衝突矛盾。透過辯證、爭論，佛教才有了今天百花並陳的蓬勃發展。無論佛教的哪一派，一旦教義上有所質疑或需要堪驗時，即便一字之差，都要從佛經或印度佛教大德的著述中尋求正解。求同存異的理念和同過濾一般，能使教證、理證、教義修法逐步趨於完善。假如沒有異議，思想會停滯空泛，反而容易墮入執迷。正是因為有了辯論佛法的教理才愈顯璀璨光明，才使南傳、漢傳、藏傳佛教各自將佛駝的密意，表述展現得淋漓盡致、盡善盡美。」〔註79〕當今這些所謂正統的佛教派系，都強調如法行，且一再強調要尊重皈依三寶的傳承。南傳、漢傳、藏傳佛教教派之間的融通，已經不只是教理的融會以及信眾的護持問題而已，彼此之間已經有了比較具體的往來或互相援助的行為，這些心行在顯教所辦的刊物如《萬行》、《中國佛教》、《覺風》、《慈明》、《妙法》、《普門》、《佛藏》、《中佛青》、《圓光新誌》等之上可以發現，這也是台灣顯教跟以往大陸僧人的心行大不同之處。

六、結論

民國以來，顯密佛教徒或者是教義，已經不斷地在做進一步的溝通，但因為國人限於遵守傳統的心行熾盛，其融通總是有其限度；此外，則是民情與根性問題，有的人學顯教得力，有的人卻深入密教法海中去遊宗，得入否

〔註76〕慧炬編輯室整理，前引文，《慧炬》第 549 期，頁 69。

〔註77〕黃維忠《藏傳佛教大趨勢》「出版導言」，台北：大千出版社，民 91 年 7 月。

〔註78〕慧炬編輯室整理，前引文，《慧炬》第 549 期，頁 68。

〔註79〕慧炬編輯室整理，前引文，《慧炬》第 549 期，頁 69。

在人之自肯耳，而非僅是傳承，因為一切佛法的宗本在禪，其他則是方便善巧，剖清了密教的神秘面紗，除了咒術氣學之外，剩下的都通於顯教行法；所以，明復法師說：「即禪即淨即密！」，行人喜歡花樣與善巧者，或想搞點神秘性與通實相性，就去修密法以及加入人間佛教的行化陣頭，不然老實修行去，照先顧好自己的心性。學佛，大家都知道發心第一，走出自我，再走入社會與大眾結緣。〔註80〕不論顯、密哪一宗派，當仿菩薩行願，「只要發揮各自本具的德性，就有利生的作用。」此外，當知「在此宇宙間一切萬法，互相施惠，互依相存，是宇宙的實相。」佛子的心，「不貪著有相而行無為的功德」，何事不能成辦；如是空有相容相即，「空間無限，時間無限，其功德充塞無限的空間，貫穿無限時間，和宇宙同樣廣大。」〔註81〕大愛由是滋生，小愛終歸會隨色身入滅，這也就是禪門所說的：「佛法同有為之法，隨四相遷流，然真實之物，無古無今，亦無軌蠋。」〔註82〕古禪德很婆心的告訴我們，一切過去、現在、未來的表象佛物與佛事、教法，都是隨四相（成、住、壞、空）遷移變化的，就俗諦來說我們一顆為佛真誠無染的心或大愛無私的心，永遠不會改變。就禪語來說，是真心不變！所以學佛法，不要本末倒置才好。今日台灣的佛教看似極其繁興，顯教雖不乏戒行精嚴者，但因缺乏善友指導修行法門，以致於大演文字般若。密法漸流布民間，皈依、灌頂法會，所在多見，台灣本土法王金剛上師輩出，東密道場也在興起，顯密確實已存有融通的環境、機會與養份。但願台灣佛法的揚舉，能大大地突破心源法師在民43年所說的：「多惑於三教合一思想，混淆雜揉，失卻純真，緇徒既乏領導能力，檀信亦乏慧光。」〔註83〕當今文化的奮進，唯靠數大德的維持與呵護，延續那佛的慧命，是不夠的、消極的。近二十年來，台灣教界已逐漸在改變體質，濟化活動也隨之興盛，甚得國人所讚揚。而一向排斥密法的顯教僧侶與教徒們，也一再檢討僧團與修法上的問題，或引進小乘法門〔註84〕、東

〔註80〕發心問題及其功德，參見釋星雲〈化世與益人〉，《普門學報》第36期，頁5～9。

〔註81〕釋淨空《地藏經的啟示》，頁122。

〔註82〕參見《景德傳燈錄》卷四〈懷南都梁山全植禪師傳〉。

〔註83〕釋心源《指月錄》序。

〔註84〕參見溫宗堃〈佛教禪修與身心醫學——正念修行的療癒力量〉，《普門學報》第33期，頁9～49。其說：「內觀修行的運動，顯然已經開始在台灣佛教界形成一股不容小覷的潮流。」台灣之所以有這麼多外來新興的教法在社會上流行，是因為顯教傳統的禪修法門失卻殆盡，佛子不干於僅聽聞所謂的大師

密，乃至於引密理入禪，引禪淨入密，或引密助修淨土，或在檢討教學法上的義理層次與深度問題如淨土宗〔註85〕。引他教禪修法的結果，導致於新興宗教輩出，如一貫道門或崑崙仙宗或丹道行門，乃至於民間信仰的靈師，學密後自創山門，本土密宗呼之欲出，如真佛宗即是。顯密道法的融通，已是這一代喜歡修行者的最愛與心聲，且是文化上該奮進的時候，佛子們能不正視這個問題乎？顯密在發展上，所面臨到的僧團組織、僧才教育、企業管理、政治與信眾問題，以及如何結合現代化科技與民心之所歸向，研究一可行可久可大的原則來施行其濟化活動，都是雙方共同的願景，也是當前要亟力突破的主要現象。

藏密對於教育、傳承與經像極為重視，台灣顯教除了重視這些之外，於寺廟的問題也甚關懷，並把問題反映在所辦理的刊物之上。前內政部民政司宗教科黃慶生科長在〈揭開寺廟經營管理奧秘〉一文中說：「近年來隨著台灣地區宗教活動蓬勃發展，以及國內各大學院宗教系所的逐漸開放設立，宗教慢慢地在一般人的觀念中形成一種信仰和實踐體係的意識益發覺醒，藉由對聖事的服務與崇拜，將宗教的神蹟、神話、教義儀軌、戒律、法典等構成宗教信仰特質的行為形諸於宗教儀式上。在從事接觸宗教內化與外顯行為過程中，不可避免的，都必須暸解並探討宗教的本質，同時也必然要對宗教事業經營上面臨的宗教財務、組織與管理問題有所涉獵；因此聖職人員在虔敬奉祀心目中完美聖神之前，必先提供一處合於法律規範而純潔神聖的宗教殿堂，才能讓信仰者身心靈能夠得到真正的安頓與寄託。」〔註86〕黃慶生科長站在宗教管理、輔導者角度，以宏觀的立場來看宗教與神壇寺廟問題。而一般佛教徒則較關心信仰問題、佛學知識問題，以及濟化活動。如馬君美，在

　　或高僧開示佛法而已，由是各處遊宗學禪法、道法。

〔註85〕釋法藏在〈彌陀要解五重玄義講記（九）〉，《圓光新誌》第89期，頁46說：
「現在傳統淨土宗的長老、大德，大都健在，淨土的弘揚還算廣大，然而在道理普遍講得很少的情況下，淨宗行者普遍都有信仰情緒化的傾向（淨土真宗人尤其如此），同時對教理的認知亦普遍不足。在十幾、二十年之後，幫藏傳、南傳乃至中國其他各宗都逐漸興盛之時，如果淨土宗的弘揚仍然是如此缺乏深度的話，到時候恐怕淨土法門就很難在知識份子及年輕人當中弘傳開來。現在諸位不妨看看佛學院畢業的年輕出家人，願意安心念佛乃至弘揚淨土法門的已不多見，就可以知道一點端倪了。」

〔註86〕黃慶生《寺廟經營與管理》「自序──寫作動機與目的」（永然文化，民91年5月），頁16。

談到物質文明與人類痛苦或快樂問題時，說：「古老的智慧——佛教——從許多世代以前，就追求這個問題的答案，而且已經找了答案。但是很不幸的，不只一般大眾對佛教缺乏正確的認識，就算佛教徒，也一知半解地把佛教當成消災解厄或是追求妻財子祿的工具；這種情形，以近年藏傳佛教外相上在台灣大盛，但信徒們只會跑跑道場、多受灌頂，卻不深究其理、充實內在，可以得到佐證。」〔註87〕顯、密何者殊勝呢？印光法師早就說過，佛法無二致、各弘各的。白聖法師則強調「隨根性修學」，一心辦道沒有不成功的，其在三慧講堂〈談三慧〉時說：「學佛人，顧名思義就是要學做佛，但佛果不是一時就可證到的，我們得慢慢來，以恆心毅力依教奉行。如今三慧講堂在開講《十善業道經》，十善是學佛的基本法門，人能行十善，就保證成為一個完善的人；如果加持彌陀聖號，將來必定往生西方淨土；如果又參禪，必定能夠明心見性。諸位千萬別氣餒，以為自己和佛的距離太遠，不會成佛，要知道一些眾生都有佛性，凡有佛性都能成佛，願大家勉之。」〔註88〕佛教圖除了一門深入之外，其他則廣學多聞，以利辦道。但台灣的一般佛教徒，跑宗不入理、跑廟不入門，是常態了，見怪不怪；所以聖嚴法師才說要「一師一門同心願」，不論學哪一門道法，師家的德性與教理的弘揚，很是重要，誠如印光法師說的「引導人初學者」是重要的。在台灣很多人，把佛教行法與民間信仰，混在一塊，求名求利求實惠。佛教徒常說「以利勾人入信」，但結果常是恰得其反，對佛教來說外道已是難纏，信眾學佛成了佛中外道，其情更是可憫。密宗在台灣發展，藏傳行人不似顯教中人，確實較不瞭解台灣人的根性，要轉化人的心念，著實要費一番時間與大功夫，大有智慧在，所以正本清源真的很是必要。〔註89〕賴賢宗在〈從文藝、哲學到佛學的探討〉文中說：「漢傳佛教的心性論，有著深遠優美的傳統，可供發展佛教心理學與治療學的資源甚多，但是我們的佛學學者極少有人從事於此，我們的學者只著重文獻的研讀，有一些孤芳自賞，少能從事應用與整合，長久下來，可能佛學會變成少數學者的手中玩物，而與社會脫節。」〔註90〕我想藏傳佛學亦然，有很豐富的文化

〔註87〕楊書達賴喇嘛著、黃書婷譯《轉化心境》「中譯版序言」，都會脈動文化事業有限公司，民90年4月。

〔註88〕《白公上人光壽錄》「民國55年」，頁525。

〔註89〕關於藏傳佛教在台灣，參見鄭志明〈藏傳佛教在台灣發展的現況與省思〉，《普門學報》第30期，頁91～126。

〔註90〕賴賢宗《當代佛學與傳統佛學》（新文豐出版公司，2006年5月），頁219。

　　資產，值得學人去研究與探索。鄭志明說：「藏傳佛教雖然在台灣取得宗教傳播的一席之地，但面對著重視靈驗的世俗民眾，若缺乏神聖領域的自我堅持，也可能導致其精神修持法門的異化，成為民眾滿足現實利益與現世願望的祈福工具。」〔註91〕學人總是關心其學術與教化之善巧，但藏傳佛教如同顯教有著遵守傳統的根性，說改革迎合時代是大不易的情事。

　　台灣僧尼很傳統、用心辦道者所在多見，是眾所皆知的，關心的多是為了佛教〔註92〕，或說佛教非佛學，佛教非學術，佛教被說成是一種正信的修持；因此僧團中的僧侶，就區別出民間佛教的信仰。聖嚴法師關心的是正信佛教，不同於居士們的情懷，其在〈正信的佛教是甚麼〉文中說：「正信的佛教，在大乘教的流行地區，尤其是在中國，一向是被山林的高僧以及少數的士君子們所專有的，至於民今的正信，始終未能普及，一般的民眾，始終都在儒釋道三教混雜信仰的觀念中生活，比如對鬼神得崇拜以及人死即鬼的信念，都不是佛教的產物。」〔註93〕藏傳佛教的信徒與內容，猶如顯教有著權貴信眾以及雜揉的成份在，在顯教尤其是孝道與鬼神信仰，還有超自然現象的崇敬，影響著佛教在社會中的發展。於此，惟覺法師在〈安住大乘心善開方便門〉一文中說：「安住大乘心，善開方便門。這是修行的一個原則、根本大綱。」「善開方便是為何呢？即是要每個人都得解脫。而如何解脫？即要每個人都能安住在大乘心上，這便是真實的。佛說八萬四千個法門都是方便，禪也好，淨也好這個大乘心即是真正的淨，真正的禪，真正的密；離開大乘心，什麼法門都是方便。」〔註94〕方便之門開多了，古德說：「慈悲生禍害，方便多下流」。有志於道者能不戒乎？為道日損，戒之在得，古德說「會取」者可。宏印法師則說：「佛教界形容今天已是末法時代，末法時代最嚴重的是邪正已搞不清楚了，所以現在談斷貪瞋癡不高明，要談斷邪見，先把握正見。」〔註95〕用正見降伏自心，你的生活就是一種修行。關於佛法就是生活，是顯密佛法所共通的，顯教說的「日用中的禪行」，不是初機者所行的「人間佛教」。自心與佛法合而為的修持，極為重要，不然修行會流為一種形式；有

〔註91〕鄭志明〈藏傳佛教在台灣發展的現況與省思〉，《普門學報》第30期，頁122。

〔註92〕參見釋星雲〈話世與益人〉，《普門學報》第30期，頁1～3。

〔註93〕釋聖嚴《正信的佛教》（東初出版社，民81年9月），頁1～2。

〔註94〕釋惟覺《見性成佛》（《中台拈花》第一集，民83年8月），頁115。

〔註95〕《宏印師演講集》「從空義談中觀與唯識」（慈濟文化出版社，民86年8月），頁222。

人會問：「不修行還好，一修行不僅個人的問題多，有家庭的人其問題還層出不窮，這怎麼辦才好呢？」這是不懂得佛法明自心之旨義，以及不曉得學佛法要跟生活相應的道理，所以其所修的總跟佛法所云的不相應，根本問題在修行的觀念偏差。大寶法王說：「很多人覺得修行佛法，是一種很特別的東西，好像表演一樣。其實佛法就是生活，佛法教導我們如何駕馭平凡身軀裡的心，我們不需要刻意改變外在身體上的形式或服裝，而應該改變內心。然而我們不瞭解這一點，一聽到修行，就開始想要表演。雖然佛法包含某些儀式上的東西，但那不不是全部。懂得降伏自心，你的生活就是修行，就是佛法。」一個人心中沒有佛法，就算擺出儀禮或者是弄一些儀軌出來唬人，那充其量也僅是表演而已。許多人強調要把佛法帶入生活，法王說：「這種說法是可以的，但我認為應該是以生活為主，從生活中找到相應的佛法。（中略）人為的臆想，不如大自然的示現來得直接與清晰，就像一個局外人不會比當事人把事情說得清楚。因此，只要你願意去觀看、去體會周遭的一切，就能看到佛法。」〔註96〕這如同明復法師所認同的：「把修習得來的佛法，融入日常生活之中，但也不要忘了向上一著，不然就是死禪了。」總體言之，佛法不離降伏自心與放下於此，我們都希望在生活中找到相應的佛法，最後生活即佛法，佛法融入生活之中，佛法看似不見了，妙哉！

圖 4-1：漢藏佛教領袖會談

〔註96〕大寶法王鄔金欽列多傑著、堪布丹傑譯〈岡波巴四法（一）〉，《慧炬》第535、536 期合刊（慧炬雜誌社，民98 年 2 月），頁 18～19。

圖 4-2：兩岸佛教交流

圖 4-3：佛光山顯密會議

圖 4-5：密宗熱

神秘色彩濃厚的佛教密宗，對知識分子頗有吸引力。

圖 4-5：顯密宗教領袖對話

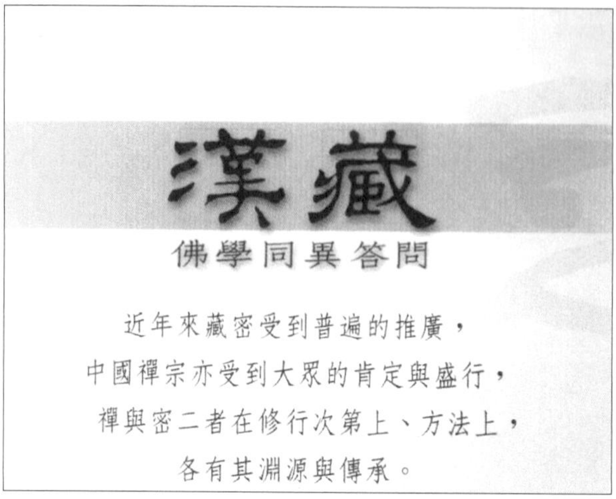

圖 4-6：漢藏佛學異同

漢藏佛教交流座談會手冊

主辦單位：內政部
協辦單位：佛光山金光明寺
　　　　　中華五眼協會

中華民國九十三年十月七日

圖 4-7：漢藏交流研習

第五章　顯密佛教徒必備的條件

提要

　　目前台灣修習密宗的人士很多，早期修習者所接觸的大抵是大陸來台人士所傳授的密法，不滿足者甚至到日本修學東密，創真言宗；但近年來藏密在台灣盛行，學習方便，跟隨者不少，引發社會上密宗熱的風潮；還有人跟隨盧勝彥的真佛宗學習，雜揉了民間信仰與各類密法。因此，在台灣密法算是流行了，也引起不少顯教人士與學者來討些實惠，也有民間信仰者改宗弘化〔註1〕。台灣學密的人是增多了，但修習密法有其根器、有其要領、有其宗旨，這是踏入密教之門者必需知曉的。一味的盲修瞎練不僅會著魔，也會斷了行人的法性慧命，這是初學者所要留意的。

　　民國74年佛光山舉辦國際顯密佛教會議〔註2〕，當時我是碩士班研究生，跟隨著明復法師辦理《獅子吼》月刊，發表了一些宗教性的文章，可能是這個的緣故我被邀請參加這個會議。出席的人很多，顯密問題在會場上被討

〔註1〕鸞堂的楊贊儒與林重修等人，以上師身份弘揚密法，助長了藏傳佛教深入民間的發展勢力。有關民間宗教遊宗的情況，參閱鄭志明《當代新興宗教修行團體篇》（嘉義：宗教文化研究中心，2000年），頁137。

〔註2〕《世界顯密佛學會議實錄》，佛光出版社，民77年9月。當時在台灣前弘期的寧瑪派沒被邀請發表論文，可能是跟主辦人有關係。關於前弘期的寧瑪派，請參閱鄭志明〈藏傳佛教在台發展的現況與省思〉，《普門學報》第30期，頁93。1989年12月由西藏佛教文化中心和佛光山合辦的「世界顯密和平法會」，曾邀請中國大陸佛教協會會長趙樸初來台參加，以趙氏涉嫌協助中共叛亂組織之故而不得入境。關於兩岸的宗教文化交流，請參閱熊自健〈海峽兩岸的宗教政策與宗教交流的前景〉，《兩岸宗教現況與展望》，頁45～78。

論著，但被質疑的是國內一些知名的密宗修行人沒有被邀請來發表心得，融通上大是有不足之處。但這個會議，在當時卻是台灣佛教界的一種創舉，留下的很多問題則要隨著人事與時空環境的遷流去解決。

之後 10 多個年頭，我到過一些佛學院去教授中國佛教史，碰到的道場學生以唸佛者居多，我因修禪難免會被學生問道：「何以不修唸佛法門？唸佛法門不是最殊勝易行的法門乎？」明復法師曾建議我去修習密法，增長見識，不學密法還好，一學密法，上課時就不免會談到顯密問題，由是產生了一些爭論。這 10 多年來，佛教的生態大為轉變了，藏密因台灣政經局勢的關係，還有檀信不吝布施，供養僧人財物較他處大方，藏人紛紛申請來台，台灣人接觸密法的機會增多了。道教信徒，隨著宮廟神壇在台灣興起了跑靈山活動的同時，佛教徒則迷於會見法王，佛教結緣皈依、灌頂的活動，變成了普遍的社會現象。

顯教在僧團制度、修法問題與濟化活動上，存在著很多的歧異處，因之在發展上延生出很多的山頭，與諸多社會問題糾結在一塊，而被有識之士所詬病。隨政府播遷來台的密宗人士，因受中土文化禪淨思想的影響，有攝禪入密如吳潤江系，亦有由密宗契入轉而弘化唸佛法門者如黃念祖，連東密都已逐漸捨去繁瑣的事相。這 10 多年來，藏傳僧人輾轉來台的人數越來越多，國人學密法的事緣方便了，由是學佛的生態由唸佛、習禪而轉向神通祕法與「遊宗」〔註3〕，清海、宋七力、妙天以及其他居士佛教團體盛行，都衝擊著正統佛教的發展。如真佛宗的出現，它是由乩壇，依附道教，接觸顯密道法，而創設的宗派。它因其宗主的關係，一向被廣大的正統教派與國人視為邪教，但拜信仰自由之賜，已發展成一個跨國際的宗教組織，政府也關注它。內政部居於輔導立場，希望他們的核心人物能與社會其他宗教對話，從而改變體質，提昇國人的觀感。民 93 年起，她陸續每舉辦研討會，希望透過宗教界與學界來對話，據筆者的觀察，僅有道教宮廟團體與研究道教的學者較願意來參加，而佛教團體則發出質疑說：「內政部為何要協辦此研討會？」我知道原委，他們內部也發出檢討聲音，盼望能仿照漢藏座談會，由內政部主辦、他們協辦來邀請諸宗教與學會負責人來座談。〔註4〕我想要達到此理想，他們必

〔註 3〕關於台灣民眾遊宗的情形與信仰的情懷，參見鄭志明〈藏傳佛教在台發展的現況與省思〉，《普門學報》第 30 期，頁 112～114。
〔註 4〕《2005 台灣密宗國際學術研討會》「會後檢討會議紀錄」，頁 55。

須更加的努力。

　　本文分共分九節，第一節「緒論——學佛心要」，內容包括佛法只有一味、一師一法一本尊的重要性、佛法與生活，還強調功德迴向眾生。第二節「依根器受學」，內容有眾生根器、佛法無高下、佛教教育問題，以及學佛法者的根器與要旨。第三節「治病患與業障」，內容有對治法、修心的重要性、依止善知識，以及對師法直心是道場。第四節「一乘與果乘」，內容有因地果地的修法、法眼、一門深入方有入處，以及發菩提心。第五節「修心與氣術」，內容有顯密對氣功禪修的看法、近年來佛法的融通現象。第六節「一世的修行」，談到佛教徒重視法性與慧命，顯密在教導學人修學、驗證上，各有其行持。第七節「僧伽壇信人才教育」，內容有僧團問題、佛學院教育，以及弘道在法也在人。第八節「宗教發展」，包括佛教會組織以及道場的重要性、新興宗教的崛起對傳統宗教的衝擊。第九節「結論」，概述修學目標、宗旨，以及依師受學的重要性。

一、緒論：學佛心要

　　古今大德一直在強調一個觀念，那就是學佛者要安住大乘心，善開方便門，而不論所學是顯是密，都要歸於本性。而關於顯、密佛教的異同，那已是兩千多年的事了，密法在藏地保持最完整，這是藏人引以為傲的。在中土，顯、密各自發展，也有千年之久，融通則是一大公案。民國以來，密法逐漸吸引國人，學人漸知其間有異有同，以及互相融攝、出入處。談顯密佛教的異同與發展，除基於上述數點之外，還有一點是蠻重要的，達賴喇嘛在談到「圓滿之愛」時曾說：「法不流通，就是一灘死水。」佛法隨四相遷流，真性不變，這是學佛人依靠善巧去覺知去圓成的。明復上人說：「佛法何止百論！」古往今來顯、密大德的論註、偈頌，都是其學佛求法的心得與結晶，師弟口傳心授則成密訣，見諸文字則成顯，顯中有密是人所共知的，密證心要、了知教義，是顯、密行人共通的行止。重視行人的法性慧命，方有密付授，而善根與功德，皆布施迴向一切有情，方能長養學佛人的慈悲心，乃合乎佛法的真實義，所以有為法不值得那麼吝於布施，當善巧地傳予他人，這也是顯、密宗師共通的德行。有云「彼等得佛果，不歸功於其他觀行，而歸功於發心，故發心為成佛要道。」〔註5〕行人不揀門閥，一門深入修心，所以宗門說：「至道

_____

〔註5〕劉洙源《佛法要領》（晨曦文化初版，民80年2月15日），頁36。

無難，唯嫌揀擇。」顯教有壇經，密法有上師法義，同受尊重，此其同處，比擬那佛的說法。

談佛法我們首先要辨明自心與了解諸佛的本懷。學佛人切忌因地不真、分別心強、無師妄為，畫舌添足，招惹魔事。〔註6〕古德說佛法只有一味，那是使行人解粘出縛、安樂光明之味。一般人認為向上也只有一路，或說一路涅槃門，但宗門卻說：「至道無門，如有路則千差萬別。」有路則須揀擇，此因「實相無相」之故。或說：「千山我獨行，無相即實相。」偉哉！宗門人說：「實相無相，一點蓮花子。」此蓮花子，喻淨明心體，世法無比，乃云大光明、大安樂。成佛之道，顯教教門強調戒、定、慧，依次第禪觀；淨宗除成片功夫外，依佛力接引極樂；宗門則說平常心是道，只問徹悟，不論行履、解脫；密宗則講究三密相應，一師一法一本尊，一心淨信。如巴楚仁波切頌曰：「一尊諸佛總集觀世音，一咒心要總集嘛呢咒；一法生圓總集菩提心，一悟解脫一切誦嘛呢。」頂果欽哲法王在〈歸敬偈〉文中說：「就是此一本尊、一咒語、一修法，你就能成就一切。……既然其他無量咒語的一切利益都涵攝於六字大明咒中，你可以全心全意地只持誦此咒語。你的身、語、意與觀世音菩薩證悟的身、語、意本質相同，這是你應該了知的修行精髓。同時，在成佛之道上一切通往究竟目標的方法中，最重要的便是持續保持並增長廣大的菩提心。」〔註7〕顯教持名念佛亦同。一旦你瞥見了心性的本質，你對「究竟菩提心」的了悟會因「願菩提」與「行菩提心」兩種「相對菩提心」的修持而加深。在此，密宗重視上師口訣教授，而顯教依教理篤行。

顯密皆戒行人，不與他人談論修行時的感通，感通是過程不是結果。師以証量傳弟以到量受，為弟子印證、加持則密法似顯得比顯教來得殊勝，因有修有證之故，而轉世制度與傳承（新舊教派傳承、遠傳承、近傳承、淨相傳承）的施設，有其殊勝處，實則非顯教所可比擬，也有其存在的意義。其修法心要，次第分明，如頂果欽哲法王在〈將教法逢進你的生命織布裡〉文中說：「不管是正式的座上修行，或把修行融入你的日常生活行為中，你必須牢記無論做什麼，皆可運用於前行、正行和結行三勝要。前行是祈願你將做

〔註6〕劉洙源《佛法要領》「書十三」（晨曦文化初版，民80年2月15日），頁91。
〔註7〕頂果欽哲法王著、劉婉俐譯《唵嘛呢叭美吽——證悟者的心要寶藏》（橡樹林文化，2004年4月），頁207～208。

之事會利益所有眾生，帶給他們快樂，終能引領他們證悟。正行是完全留意正在做之事，不把主體、客體和行為當做實存。結行則是將你從修持或佛行事業中所纍積的功德迴向給所有眾生；你所做的每件事都以迴向封印，可確保此功德將會成熟你和他的證悟佛果。」〔註8〕心道法師則說，整個生活都在修行。

二、依根器受學

　　顯密佛法都強調，學佛法者隨根器受學，由專注入手、一心不亂、有修有證，到無修無證的無功用行。顯教依經教，而密宗行人特別重視所傳法義之外，亦尊重顯學及其教法，如貢噶仁波切在〈大寶金剛上師之不二條件〉文中說：「由於眾生根器不一，種類相異，為普被群生，應機施教，釋迦世尊慈悲為懷，開八萬四千法門，但總分起來不外顯、密二乘。顯、密二乘的根本區別之一就是，顯教皈依三寶，而密乘則皈依四寶，即在皈依三寶之前，加上皈依上師。教義規定，上師代表佛、法、僧，密乘的修學完全依賴上師，因此，學密乘的首要條件，就是要找到一位合法上師，以依止修學，直到成就。」〔註9〕密宗行者說：「在此要特別提醒諸善行者，修無上密法之人切不可誹謗佛教其它各正派教法，如禪宗、淨土等，這些宗派均屬佛教正宗教派，只是眾生由於無始以來的各種業障，造成根器懸殊，而不能有此福報享受至高密法，正如一個小學生不能被強行拉去接受大學課程教化一樣。故佛說八萬四千法門，正是印契其各類利根和鈍根之相應法義，但是均能解脫眾生脫離輪迴，禪、淨也得往生淨土極樂，雖經三大阿僧祇劫，廣修六度萬行，最終還得證阿耨多羅三藐三菩提。佛說一切法義均在應機修持，故在此說明，凡修大乘密法行人，不可藐視小乘行者，應以菩提之心對其攝化，一切皆為眾生。故我今明示，若無緣逢密乘大法者，先當精修禪、淨，以築功德之纍積，其間精進尋訪密乘大師，此為無誤之道。」〔註10〕「現將禪、淨精修口訣傳授諸位行者：大凡小惡切莫為，一切善事必從之；六道眾生均得度，如雨慈心利三界。六度萬行常精進，四無量境隨身持，一片大悲如觀音；靜時莫求無妄執，動時勿著諸幻相；千般妄念任自顯，不隨跟足輪迴轉。一心念佛無

〔註 8〕頂果欽哲法王著、劉婉俐譯《唵嘛呢叭美吽──證悟者的心要寶藏》（橡樹林文化，2004 年 4 月），頁 233。
〔註 9〕貢西格西《金剛密鑒》，聯合影藝雜誌社，頁 18。
〔註10〕貢西格西，前引書，頁 30。

二妄，聖境來時亦空蕩；求升極樂無二心，不來不去三昧境。南無阿達爾瑪佛！加持一切行人！」〔註11〕由此可見，密宗較依賴上師的口傳心授的法義，而顯教則多說依教奉行，或有借教悟宗者，不論其是禪台淨與賢首會眾。尊佛重祖師的心，則是相同。

顯、密都重視僧才教育，所以寺院多有佛學院之施設。談到佛學院教育，因有感台灣重視祖師宗風，「太標榜子孫道場，缺乏不同宗派間的互動，格局不夠寬廣，就佛教長遠的發展來看，不見得很健康。」宏印法師說：「辦佛學院，應該給予來上課的學生，有機會認識各宗派的特色跟領域。至於這個學生契入哪一宗派、哪一法門，讓他自己選擇。」〔註12〕密宗行人說：「密宗之傳授，皆須選擇具善根慧性之根機，再加以種種考驗，審核資格方始攝受，令彼入曼陀羅接受灌頂傳法。諸聖者非是吝法，而是重法，且一心保護眾生之善根。」〔註13〕俗人依世諦很難理解，故稱此法要為密教，而顯教亦有密付授如禪宗，其實這是重法緣之故。

在顯教，深研教理是學佛的必備條件，依善知識、善友學無垢經論與禪法，心自清淨，覺知力逐漸明朗。佛法講究相應行法，「唯證相應」，然而「有些顯教徒修持一陣子佛法後，好像沒什麼感應，又看好像很多人都有感應，奇怪為什麼自己沒有呢？或是修了好一陣子，也不見自己的病痛好轉，還是一樣命乖運舛，便開始另某良師，找到一些明師或什麼之流的，突然就很神奇的感應或一切得心順手，於是乎便視之為佛了。」〔註14〕一回，我與明復上人在台北某飯店用餐食，一位顯教出家眾自己靠過來說話云：「某某活佛真是神通廣大！」上人回說：「去！去！」其人回座後，上人乃說：「神經病！」「也有些密教行者，因為密法的殊勝，祖師大德的神通變化，修持的方便，修了幾年後，便生起一種大我慢心，認為顯教比較差，目空一切，甚至把這種我慢心認為是佛慢堅固的修持，如果是這樣，可能就不太好了。我們所知道密法的一切殊勝及方便神通運用，這都是別人的結果經驗，和我們自身沒有關係，自身目前所立的因地，才是必需要去了解的。」〔註15〕我們學佛人當知，在修持佛法的過程中，「因每個人如來藏中的因緣種子不同，會產生種

〔註11〕貢西格西《金剛密鑒》，聯合影藝雜誌社，頁30～31。
〔註12〕《佛藏》第13期，頁8。
〔註13〕李振明《修密基本問答》，頁17。
〔註14〕宋聲華〈修學密教之淺言〉，禪門佛教《啟發潛能與智慧》，民82年，頁47。
〔註15〕宋聲華，前引書，頁46。

種的變化。」許多行者，在顯教中的基礎不夠，對四無量心及無我上，不能保任，修持密法碰到浮光幻影，便沉醉其中，走上了神道或神祕之路，感應來感應去，不知「所有相皆是虛妄」，毀了大好菩提路。〔註16〕修顯、密教法，修心為要，觀想的心量要空、明、淨、亮，而非幻想的擴大，所以顯教下手處落在「明心見性」上，怕人落入虛妄。而達賴喇嘛也說：「大體來說，密乘的殊勝之處，來自其禪定修持的嚴密。因此，我們把密乘歸屬在三藏中的經藏，這是因為我們認為密乘是從禪定修持的嚴密發展而成。」〔註17〕如顯教重壇經，是一樣心情。

三、治病患與業障

　　真言宗傳入中土後，顯教也吸收其密義，形成了台密，因此天台中人多與拜懺除障結了很深的緣份。密法在除障上，較顯教懺悔法或無功用行或改變價值觀之理念，顯得活潑多樣、現實性與對治有方。如堪布貢噶旺秋仁波切在「淨障」文中說：「當人或非人傷害我們，讓我們的身心產生種種痛苦時，我們要做這樣的思維：『這些傷害我者，其實是在告訴我，如果我不想身心受到痛苦，我就不應該造苦因的惡業，這些傷害我者，他只是在促使我去除惡業。』對無始以來所造的殺、盜、淫等惡業產生深切的後悔，這就是破斥力。對過去所造的惡業加以懺悔並且發誓：『今後縱使自己死亡，也不再造殺生等惡業。』這就是去除惡業的誓願力。我們懺悔的依止處是三寶，我們向三寶獻曼達，然後發菩提心，這就是依止力。一切惡業的對治法，就是修空性無我及唸誦咒語，這就是對治力。當我們懺罪時，若能夠具足以上所說的四力，就能夠將過去的罪業障除清淨，所以我們應如法的依四力懺悔。」〔註18〕淨障、修財神法都要如法行，避免生出過患。

　　而顯教，知四大不調之病本在攀緣，因此篤實在修心上，心無所得，攀緣自息。智者大師在《修習止觀坐禪法要》「治病患第九」說：「當知，止觀二法，若人善得其意，則無病不治也。但今時人，根機淺鈍，作此觀想，多不成

〔註16〕參見《神通的原理與修持》「以無所得的智慧來學習神通」，頁221～222。

〔註17〕釋聖嚴等《心的對話》「漢藏佛教對談」（法鼓山佛教基金會，2000年9月），頁90。

〔註18〕貢噶旺秋仁波切《修心七要》（佛香書苑文教基金會，2000年），頁84～85。2008年5月26日凌晨，仁波切於近北印度炯達拉宗薩確吉羅卓佛學院閉關房內示現圓寂。

就，故世不流傳。又不得於此更學氣術修養，恐生異見。如金石草木之藥，能與病相應，亦可服餌。若是鬼病，當用強心，加呪以助治之。若是業報病，必須加助修福懺悔，患即自滅。此二種治病之法，若行人善得一意，則可自行，亦能兼他，況復具足通達。若都不知，則病生無治，非唯廢修正法，亦恐性命有慮，豈可自行教人。是故欲修止觀之者，必須善解內心治病之法。內心治病方法眾多，豈可具傳於文耳。若欲習知，當更尋訪。」顯教在明心見性上的行持，力求穩當，所以古德云：「寧可千生不悟，不可一日著魔。」非不得已不持誦密咒或修延壽法門。

在台灣，顯教行人亦多持密咒者。如李錦旺在〈佛教文物法器之服務〉「準提寶鏡」文中：「在台灣有極多的佛教徒與觀世音菩薩很有緣，並常默誦大悲觀世音菩薩聖號，也有許多善信大德於行住坐臥中，常唸觀世音菩薩六字大明咒。」「準提法與我中華民國特別有緣，很多禪密雙修之行者，也多少會以準提法為禪修之外密行必備之重要法門。準提法是大悲觀音法之姊妹法，亦是較威猛之法，除了修持大悲心法之外，禪修時如有外魔來擾，準提法可用來保護自己，且修準提法可得龍天護法天地神祇就近護祐。準提法可用來驅魔除鬼，降伏一切邪魔外道，並且可用來除陰障及業障纏身之因果病。」「或專修禪宗者，則可受持文殊密法，禪密雙修者，使你速與本尊相應，得文殊菩薩之加持與護念。」〔註19〕密法與道法融通的「藥師七佛之七星法，可治病、延壽、消災、去惡、聚財及利益世間法之圓滿，乃現代學佛人修行之一大利器。」〔註20〕許瓊月在〈父母、祖先與觀世音菩薩的夢〉文中說：「藥師寶瓶法是我們佛教除了大悲水及誦藥師經所求淨水外，另一個消災解厄之法門。」〔註21〕雖說法是方便，學佛的心態在精進至誠。但修持這些法門，還是要依止善知識的正知正見及誠懇的心來方便行持，否則徒增爭訐，並且有礙道心。諸佛菩薩悲願深切廣大，為度眾生，無所不用其極，「先以欲勾牽，再令其入佛智」。「不斷貪瞋癡，亦不與之俱。」而密宗上師藉著諸佛、菩薩、金剛三寶、護法之願力，滿足眾生所需，得其信奉，再授以修持方法，眾生得法味後，自然而然漸轉欲望，乃至轉識成智，得以成就。

〔註19〕李錦旺《啟發潛能與智慧》（禪門佛教文化中心，民82年），頁73～75。
〔註20〕李錦旺，前引書，頁77。
〔註21〕許瓊月《密宗解夢》（禪門佛教文物中心，民82年4月15日），頁49。

四、因乘與果乘

經曰：「因地不真，果招迂曲。」不論顯、密，教導學人學法，皆因其根器受學，為初信者說因乘，為明心地法門者，說向上一路的果乘。顯教大德甚重視因緣時節的說法，為初信凡夫說有佛，信入方說空性，契入教理方說真性，明真性乃能體取行菩薩道，而圓成自性。〔註22〕密宗行人有不重事相，直接從心地起修，如禪宗直指心性而不迂迴，故能即身成佛。

正法眼藏涅槃妙心，凡夫智淺不易辨別真偽，禪宗初以衣鉢為信物，待到信受者多則普傳，而潛符密證，事見燈錄達磨傳。今世界密法普傳，而「灌頂者多，行道者少，說理者多，通理者罕，潛符密修，千萬有餘。」所以古德有言：「法不孤立，仗緣方生；道不虛行，遇緣即應。」實不足為奇，要在聞思修法上的受用否。所以密法，特重阿闍黎證書及其信物，避免行人仿古代祖師的行誼，未證得而說「夢中傳承」或「定中傳承」，此乃關心檀信的法性慧命，而採用「在人間用人間法則的正念」。〔註23〕在傳法上、傳佛慧命上，密法有優於顯教處，且更加嚴謹，不因其人尚可或老實修行即傳法卷。顯教宗門，古來有傳法不傳座，最後法座也難傳了，空傳法卷以續佛命，以待來者，其因在法子難求，臨濟之下也無多子。惟覺法師在《明心見性》書中說：「若無根本，則所修的都是方便，方便即是生滅。」

顯、密皆有共法、不共法的區別，這是根器問題，還有門風的區別。宏印法師在〈佛學院僧教育之禪修課題〉文中說：「我最近提唱的看法是共法，對於南、北藏傳、大小乘、如來禪、祖師禪、祖師禪，每一宗派禪修差異的不同處，我們應予以尊重、傳承；但不要特別提出來，作為不同宗派的相互對立、排斥，而要把禪修的共同性，融會貫通以來。」〔註24〕行人明心見性之後，其行履不論是弘揚南北傳、顯密哪一宗派禪法，皆是續佛慧命的事業，也是不忘佛恩與宗本。如明復上人，鼓勵學人廣學多聞，要弘化一宗，當多研究比較宗教學與法學知識。至於密宗，雖各派有巧妙處，但基本上是相同的，覺嵋桑度在〈說清楚講明白〉文中說：「都是屬於大乘佛教，也是顯密融合的佛教，與一般所說的藏傳佛教只是密宗，有極大的差距。」「由於修習密法的需要，許可修習各類密法的灌頂儀式是必需的程序，而上師正是灌頂授

〔註22〕見《古尊宿語錄》。
〔註23〕見李振明《修密基本問答》「知見篇」，頁8。
〔註24〕《佛藏》第13期「僧伽禪修教育專題」，頁10。

權修習的主要人物，也是引導信眾學佛的明路，根據上師的口耳相傳修習是非常重要的事。」藏傳佛教各派雖然各有特殊的修行法，但都要求皈依上師、敬重上師，修習師承口授，注重傳承。」〔註25〕

　　密宗重視儀軌，顯教也重視儀軌〔註26〕，但是行人一念回機，深體佛、心、眾生三無差別，發菩提心，學菩薩行願，不論念佛、持咒、講經、供養、靜慮、修法，都是儀軌，如法行其功德都可以普濟人我，發智慧光。佛法八萬四千法門，因病施藥，隨根器施設，中土根器在大乘，有顯有密，學法基礎在淨業正因〔註27〕，下手處在明心見性，直契入「覺行圓滿、湛然無為」的佛道。藏密一般稱大乘為因乘，金剛乘為果乘，由於修道的佛果，本自具足，行者只要確認此心或除卻心的障礙，入門時由傳法上師灌頂，因而圓滿共與不共的成就。

　　法門無量，要從一門深入，乃有是處。劉洙源說：「所謂入頭者，各教不同，宗門以知有為入頭，次第禪法初觀成就為入頭。以此例，事一本尊，當知亦爾。」〔註28〕下手從了心入手，故說制心一處，不論台家、賢首、宗門，「但認起隨緣不變之實相般若，心心不異，即是諸佛不動智也，了此，即與諸佛把手同行，即是入諸佛位。」〔註29〕「一有入處，了此一心，空慧朗朗，縱橫萬變；否則，終身為門外漢。」「但了一心，即攝諸義，即是真正發心；不了一心，雖發願往生，總帶邊地疑城。此種較世間法固優，終非我佛接引眾生本懷。」〔註30〕顯密皆有淨觀，「宗門觀心見性，先須滅盡妄心，方得真心脫露。」而六祖第一會演法時說：「若自不悟，須覓善知識，直示正路，若起正真觀照，一剎那妄念俱滅，識自本性，一悟即至佛地。得此頓法，終身不退者，定入聖位，然須傳授，不得匿其正法。」因此，密宗視宗門同為無上瑜珈。「佛法的根本在心，行法的根本在觀。」區別在觀妄與觀真、自力與他力。密法仗佛力加持，淨宗靠佛的接引。說穿了，還是很少人不是仗著自力的願

〔註25〕鄭振煌主編《認識藏傳佛教》（慧炬出版社，民90年1月），頁137～138。

〔註26〕劉洙源的《佛法要領》上篇「儀軌」文中說：「顯揚聖教論云：『於智者前恭敬而前，起增上意，發誓願言：我弟子某甲從今日起，發阿耨多羅三藐三菩提心。欲饒益諸有情故，凡我所修六度等，一切皆為證得阿耨羅三藐三菩提故，我今與諸菩薩摩訶薩同行，願尊證知。』如是三說，即合儀軌。」

〔註27〕釋淨空《地藏經的啟示》，頁5。

〔註28〕劉洙源《佛法要領》「書五」，頁68。

〔註29〕錢伊庵《宗範錄》「貫教」（華嚴蓮社，民72年2月），頁139。

〔註30〕劉洙源《佛法要領》「書三」，頁62。

行，投諸佛的願海。有云：「佛法不離世間覺，離世覓菩提，猶如覓兔角。」佛法有權有實，先發究竟菩提心──自性清淨心，再培養相對菩提心──對一切眾生的悲心，行願相資，就成為一生一世的行持。

五、修心與氣術

當今的顯教行人，大抵不修氣功，因其視修氣者為外道，或因修氣妨礙心定，而不知修氣時，可觀心、氣與身體的變化，藉此體會成、住、壞、空無常與空性之理。淨中行人，或知持咒到一定狀況，有氣動或身心脫露的感覺，事見印光大師文鈔。密宗的氣功，如寶瓶氣，非如仙道氣學，有其更殊勝的妙旨。對於顯密修法上的差別，諾那祖師說：「眾生譬之一個極堅固塞口之玻璃瓶。瓶外空氣與瓶內空氣，原本一體（佛與眾生原本一體），祇因一層極堅且厚的玻璃質（即心垢、業障）為之隔絕，故不能契合。密宗行人以大菩提心為因，並得金剛上師心傳密法，以我之身口意與佛之身口意相應，恰如用大鎚，將一層堅固心垢玻璃質擊成粉碎，立使瓶內空氣與瓶外空氣融合交通，故得即生證佛。顯教行者，則無擊碎玻璃瓶之大鎚，須漸漸用水或布摩擦，何時將瓶摩通，何時方能使瓶內外空氣會合？若使其全體畢露，則非日久功深，不能為功。」〔註31〕密宗行人以學顯教 12 年為根基，方修密法，顯密皆重皈依，顯教在此以深研教理為主，而修習密法則要纍積相當的福慧以及根器。以往密宗重揀擇根器，乃施予弟子灌頂如貢噶祖師〔註32〕，如今在台灣如顯教的結緣皈依，而有結緣灌頂的現象，還有普傳法門的存在。顯密在普傳上，已同樣是在種眾生的菩提根，重視當下的結緣與心行。顯密道法的融通，已是這一代很多喜好修持人的共同心聲，且當此學人互參頻繁與文化交流亨通之時，正是行人各自奮進的大好時機。

六、一世的修持

顯、密皆重視行人的法性慧命，以及生死大事。顯教依正知正見以驗佛事，又有親見自性如喪考妣之說。密宗行人謂暇滿人身難得，每引經云：「不知諸法空，恆受生死苦。」而菩提心，有世俗菩提心與勝義菩提心。顯教居於「無緣大慈、同體大悲」，甚強調人世關懷，釋寬謙在〈臨終關懷·生死大事〉文中說：「所幸因為有佛法，因為有臨終關懷、安寧照顧、悲傷輔導等種種理

〔註31〕李振明《修密基本問答》，頁 23。
〔註32〕陳浩望《佛教泰斗陳健民傳》，頁 64～65。

念，使我較有能力走出悲傷，重新投入新的生命，對生命能有更深沉的體認。」〔註33〕至於密法，堪布貢噶旺秋仁波切在〈歸納為一世修持〉文中說：「總攝教授心，應修習五力；大乘死教授，五力重威儀。」這五力是引發力、嫻熟力、善種力、破斥力、願力，是集結大乘教法的口訣和修持的精要；行人以世俗菩提心跟勝義菩提心相互交換著修持，一直到斷氣為止。〔註34〕顯、密在臨終教法上，各有其殊勝處，很值得融通或相互學習之處，如臨終助念與臨終加持問題。

顯教的重點，在明心見性，以及不離世間覺悟的菩薩行處。顯教的止觀，成佛要歷無量無邊阿僧祇劫或有要三大阿僧祇劫的說法，另有講究由一行三昧入百千三昧的圓覺教法，而密法有歸納為一世修持者及即身成佛的教法。不論持咒、練氣，密宗仍以修心為要，比顯教更加重視臨終教授中的心氣顯相，堪布貢噶旺秋仁波切云：「我們藉著左鼻孔氣息的呼出和吸進，將自己心中所有的三世善根，施給一切眾生，再將一切眾生的罪苦自取承受，在這個時候，就是藉乘著左鼻孔的呼吸，來修施和取的修行教法。這種修持的作用，就是讓心不散亂。再這不散亂中，我們思惟著輪迴、涅槃、生死，這些都是我們的心所現的，僅僅是我們的心顯現而已。心的體性是連一點實質都沒有，一切諸法都是如夢如幻，我們的心不要執著任何境相，心完全的放鬆著。像這樣，以世俗菩提心跟勝義菩提心相互交換著修持，一直到斷氣為止。」〔註35〕一生淨信淨行，是顯密大德所共通的。

密法有其殊勝處，如密宗行人所云的：「閒靜之時，修煉脈和風。睡眠之時，修習光明法。夢境之中，修習幻變身。享受妙欲時，修習神佛身。臨終之時，修習往生法。死亡之時，握持中陰身。」總之，禪修中，有幾個釘子，一個釘子釘在心上，一個釘子釘在空性上，這些釘子都是上師做的，所以自解脫中，有智慧依靠。禪修過程中，有很多法義要遵守，通說戒定慧、聞思修而已。

七、僧伽、檀信人才教育

民國以來，顯教漸重視僧、信教育，而提出「出家菩薩和在家菩薩應走

〔註33〕《覺風季刊》第24期，頁37。
〔註34〕貢噶旺秋仁波切《修心七要》，頁91～97。
〔註35〕貢噶旺秋仁波切《修心七要》，頁96～97。

的道路」，如太虛法師所倡導的菩薩學處。為正法久住，顯、密皆重視的是僧伽教育。如淨空法師說：「出家唯一的責任，就是續佛慧命。要使佛法久住，出家修行要像個樣子，行持要做社會的榜樣，無論道德、學問的修養，都要達到一個相當的程度。」〔註36〕為因應當前佛教的處境，除面臨佛學會、佛學院林立問題之外，大學的開辦也是一大問題。宏印法師說：「出家眾要有博士學術人才，但常態的僧教育應該是先培養僧格，所以我認為我們應先培養宗教人才，再培養學術人來。」〔註37〕弘法場所不僅限在寺院，無一時一事一物的因緣，不是道場的顯現，所以今人在念法上有很多的方便，如佛衛台等；行人對於微細皆得等持，能降伏邪怨，而隨心所願。顯、密除採師徒制學法之外，皆重視佛學院的教育，以往顯教在教育上大抵以講經、高僧行誼或禪學為主，世學為輔，各有各的風格，差異蠻多。宏印法師說：「佛學院教育，如果能兼顧到各宗，這對出家僧格與學問的養成，會比較全方位、比較宏觀一點；師徒制則比較侷限。」其辦學不會以某大德的思想為主軸，「那一位天台、華嚴講得好，我們就把那位老師請來，禪、淨土都是如此，讓它各擅勝場。」〔註38〕這關涉到辦教育者對「法性慧命」與「道場」認知的問題，也是弘揚佛法上的問題。此外，太虛法師說：「為某佛教更大的發展，為某人群更大的福利，則佛教自身的組織應更臻嚴密、健全。」〔註39〕有嚴密、健全的教團，更利於佛教教育的開展，尤其在教化上的平等施與三輪體空的精神揚舉。如是清淨布施，善巧方便，乃能調伏眾生。

　　「因有眾生無量苦，故有菩薩無量行。」久桑耶無量壽佛學中心在其建校計畫文中說：「再怎樣的貧窮，都比不上教育的貧窮；再怎樣的貧乏，都比不上慈悲的貧乏。」「一座森林，開始於一顆種子；三大祇劫，榮耀著每位菩薩。」因檀信的布施與清淨受學，而大德得以專心致志修習佛學與傳法，貢噶旺秋仁波切說：「從錫金到印度比爾，從當時的 7 名學生到現今的 320 名學生，一點一滴的，盡我全力來照顧並且為他們講授經論。這些學生包括印度拉達克、尼泊爾、西藏、不丹等一百多所寺院的僧眾以及多名的轉世祖古。目前學院已經教育出近 20 名的堪布，有些留在校內擔任堪布，有些回到自己

〔註36〕釋淨空《地藏經的啟示》，頁 127～128。
〔註37〕《佛藏》第 13 期，頁 8。
〔註38〕同前註。
〔註39〕《菩薩學處》「結勸修學」。

所屬的寺院，又有些被其他的寺院聘請去當堪布。」〔註40〕道在法也在人，貢噶旺秋仁波切的弟子形容其師：「他的弘法超凡意志力，他對上師的純然虔敬，及對釋迦牟尼佛的極度忠誠，我全心的希望，能有眾多的眾生像他一樣，我希望自己能夠像他一樣。」〔註41〕現今顯、密各自弘化之時，當可思考顯教禪德所說的：「見與師齊，減師半德；見過於師，方堪傳授。」〔註42〕除宗風之外，學人佛法因緣、行履與善巧，雖各自不同，不離自我圓成，所以又豈是門戶或一家門派思想可限制得住。宗門人說：「不與萬法為侶者，是何種人的境界？」因才施設，不棄一切有情，不嫌初學，為法忘軀，盡形壽以行濟化活動，顯、密行人在此皆同，且功不唐捐，迴向空性。

八、宗教發展

顯教雖有佛教會，卻無嚴密、健全的僧伽組織，所以剃度、受戒沒有一定標準。宏印法師說：「有些出了家，也不和師父學，到外面紅祖衣就穿起來了，大轉法輪，沒多久就要上電視了，到處化緣要蓋道場，這都是出家後沒有強制性的僧教育之結果。」〔註43〕出自政教合一藏地的密宗來到台灣，不免也產生此種習氣，新興密法派系層出，基於宗教信仰的自由，正邪問題不僅是教內問題，而不是社會問題。因在台灣新興「宗教領袖，具有神人性，信徒對之崇信有加；更重要的是，信徒皈依後多獲得很大的滿足，他們因此更尊敬這些宗教領袖。」〔註44〕當然還有一些不可告人的內幕，直等那出了大問題，媒體才會大肆報導。

顯、密寺院，同是聽講大乘經論的場所，也是僧侶過修行生活的環境，但在台灣並不是所有的出家眾皆住在寺院，道場也有廣義的解釋。但宏印法師卻說：「出家人基本原則不能離開僧團生活、僧團環境，各道場不妨有專宗的偏重，但基本精神上，寺院本身就需要營造成一個修道的場所。」而對於佛教大學的學術研究，顯教大德還是主張由寺院主導，由佛教研究所來運作。宏印法師說：「寺院主導的僧眾教育，在初階段，先要透過對傳統大經大論的研讀薰習，培養戒定慧、慈悲喜捨、宗教的道心、信念與情操。比如說對生

〔註40〕貢噶旺秋仁波切《修心七要》，頁6。
〔註41〕同前註。
〔註42〕《五燈會元》卷三〈洪州百丈山懷海禪師傳〉。
〔註43〕《佛藏》第13期，頁6～7。
〔註44〕林本炫編譯《宗教與社會變遷》「台灣地區的新興宗教現象」，頁397。

死、無常、世間是有漏法,這種深刻痛切的生命砥礪;出離心、解脫道等修行理念;以及菩薩道、菩提心、大乘悲願的長養,然後在此基礎上,就可以提出一個更超越、更不同新的詮釋。」〔註45〕大德們對於佛學的要求,在治學方法上,其前提是宗教情操與心性修行是不可忽略,不然用私心自揣以詮釋教理,則有斷層與不能銜接之虞。

顯、密在台灣,皆是各宗自行弘化,以及面臨到新興宗教興起的局面。對佛教宗師而言,這是一種考驗,不是一種挑戰。惠空法師在〈中國佛教之命脈──禪觀教育〉一文中說:「台灣佛教在這 50 年中,發展出幾種現象,包括有人間佛教、印順導師思想、戒律、淨土等四項主體思想,可說這些思想即代表了台灣佛教的重要思想內涵。」在傳統的文化上,因各有其擅揚的層面及獨到處,「所以,這五十年來,台灣佛教雖然非常蓬勃發展,但是在修行的問題上,還是給人一種漠然、非深化契入的感覺。」〔註46〕台灣的信眾,有其俗世層面的現實關懷,如健康、發財、幸福、安樂的著想,所以南傳與藏傳佛教,在台灣也轉趨繁盛,且更能一時滿足居士學止觀、盼神通的心,所以嚴格的灌頂法會,變質成帶有隨喜的現象。顯教本身,其僧、信也越來越多人重視氣學、止觀以及密法的薰習,這些學有所成或有信眾的領秀人物,常不受正統宗派所容受,很可能就走上自立門戶,成為新興宗師,自有一片天空。此外以顯教禪淨為基礎,學唐密又吸收藏密、東密精神,融合道法、密教而宣稱禪門佛教文化中心,當然不乏純正的真言密宗道場在內,如旗山五智山光明王寺。又有以道法、氣學為基礎,融合天台止觀與瑜珈行法,別創出新的行法;還有強調愛的內觀中心。台灣的佛教天空,已處於百花爭鳴、多彩繽紛的境地,這豈不是國人再認知、接觸佛教法門的另一大好因緣。

九、結論

行人學顯、學密,如同丹道中人說的,在一個機字。〔註47〕雖說佛無二法,卻是有顯有密,有正行有方便,根機與契機的緣故,微妙處則證同。但不論佛子的身份,是師是友是僧是俗,師弟與僧信間當知:「儘管一切的法教與修道的目標偕一,但因有情眾生習氣與根器不同,佛法就有證果的諸多修

〔註45〕《佛藏》第 13 期,頁 7。
〔註46〕《佛藏》第 13 期,頁 11。
〔註47〕來靜〈古今修道第一真經──《陰符經》讀書心得〉,《丹道文化》第 30 期,頁 7~8。

道與法乘。這也就是何以佛陀與所有依止佛陀的成就上師，會根據不同需要而教導不同方法的緣故。」（雪謙冉江仁波切〈藏傳佛教寧瑪巴傳承〉。）人活五濁世間，是共業所感，離苦得樂，是諸佛本懷，所以學佛人當「發願以善巧方便的修持，迅速讓自身與他眾離於一切妄念。」居於無緣大慈、同體大悲，入聖位者，如六祖所言：「然須傳授，不得匿其正法。」在顯在密，同一味，互融互攝，同趨佛之願海。宗門說：「兩個泥牛鬥入海，直到如今無消息。」修密行人，要遵循法義，貢噶仁波切在〈大寶金剛上師之不二條件〉文中開示說：

密法至高戒律嚴　　三密相應最為關
秘密行持不外露　　一咒一法灌頂先
若未灌頂輕傳咒　　或教手印觀想參
此人即犯三昧戒　　地獄門中去團圓
傳法必備上師資　　三部灌頂有教言
外密依文見法表　　內密四部法無邊
密密至高神通顯　　除此決非聖人言
熟讀上師條件文　　方可步穩不邪門
千言萬語叮嚀說　　切記深解聖潔文
末法時代確來臨　　密宗邪師遍紅塵
自稱佛陀來救世　　不料竟是凡夫身
為防左道旁門出　　金剛薩埵三密論
立下法義解分明　　必須依法查究根
除此文理不二論　　方可得逢大師尊[註48]

有關藏密修法的內涵及其訣竅，坊間書籍甚多，邱陵著有《藏密修法精粹》、陳健民口述《佛教禪定》、蔣揚欽哲旺波《藏密基礎修法與正見》、《安樂妙寶》等書籍可以參考，還有鄭振煌主編的《認識藏傳佛教》，是多為學者專家的集結品，最為簡要。密宗在修心法要上，有其獨到處。堪布貢噶旺秋仁波切在《修心七要》「結頌」文中說：「這個教法是因乘中最主要的修持心要。總而言之，自己在修行時，就是皈依佛、法、僧三寶後的身、口、意的一切行為舉止，都要能夠跟法相合，不要違背大乘的慈心、悲心跟菩提心。若我們能這樣做，就是在修這個修心教法了。在平時，我們修心之前的前行，就是

─────────────

〔註48〕貢那格西《金剛密鑒》，聯合影藝雜誌社，頁17。

皈依三寶，不管皈依次數多或少，總要不間斷的皈依三寶。在皈依三寶後，先要有這樣一個想法，就是：『為了要利益眾生，自己如果能成佛，不知有多好，並且我要按照菩提道來修持。』要能這樣的發起菩提心。具有菩提心後，我們要一再地思惟暇滿人身難得、死無常、業因果、輪迴的過患。然後，我們應知道一切眾生都是自己的母親，要具有想讓一切如母、眾生都能具足快樂及樂因的慈心，並且具有想讓一切眾生都能脫離痛苦及苦因的慈心，要能具有這種的菩提心。修完之後，要將我們修持所得到的善根，為了利異眾生而迴向，願一切眾生能夠成正等正覺。總之，平常我們都要具有善的心念，具有善心就是修心的精要。接著，將聽法所得到的善根，迴向給一切眾生。」〔註49〕有些佛教徒修持特重儀軌，但有的更重視其內含的倫理。〔註50〕

　　佛法，法門雖多，不外顯教、密宗，兩者皆重視因地與果地，縱使密宗在懺法、修法次第與依止上師口訣傳授上，顯得較顯教殊勝；然顯教中人如能吸收三藏或密法教理，了解佛法的真實義後，則無儀軌、口訣、上師與教派的包袱，皈依三寶後「聞思修」、「信願行」，發菩提心圓成自他行願，一聲聲阿彌陀，一句句觀世音〔註51〕，一路觀想自在，則如頂果欽哲法王所說的：「當智慧在你身上盛開時，就能使你圓滿自、他此刻與究竟的需求。」或如宗門所云：「惺然獨坐大雄峰，但還有人情在，但盼自、他個個人模人樣！」所以顯密在教義上與修法上，不礙融通，且有合會處，僅是表達的語句、語法不同罷了。顯教、密宗目前在教化上，如同宗門所說的：「開心果子合盤來，和者會取。」這對於想學佛法的人，有很大的方便。在依師受學與行履方面，顯教在傳統上，出家 3 年不離師，5 夏學戒，親近善友受學，過寺院生活，得正法眼藏方為人天師，後隨因緣行化。至於「想專修密法者，先對顯教有一番認識之後，對傳承、上師、灌頂、雙修、吃葷、即身成佛等一些較易混淆的問題，先了解之後，同時也要知曉藏密或東密的文化，再多接觸一些道場、上師、法門，選擇一處之後，針對一二個法門持之以恆的修持。修持的方法及下手處，可請教上師，有任何現象與上師請益，甚至服侍上師左右都可，依照上師的教導逐步的深入密法中。」〔註52〕但不要妄說神通，達賴喇嘛說：

〔註49〕張惠娟譯、佛香書苑文教基金會印行，2000 年，頁 140～142。
〔註50〕H. SADDHATISSA 著、姚治華譯《佛教倫理學》序，黎明文化，民 82 年 3 月。
〔註51〕釋白聖〈大悲懺主的感應〉，《白公上人光壽錄》，頁 488。
〔註52〕李錦旺《啟發潛能與智慧》（禪門佛教文化中心，民 82 年），頁 49～50。

「當我訪問台灣時，我見到許多西藏的喇嘛，我就警告他們，沒有高深的領悟，就不要假裝，尤其不要假裝有神通及預知能力，因為會被人家拆穿的。」〔註53〕聖嚴法師說：「愚癡的人希望求神通來幫助自己，有智慧的人則是用智慧來處理所有的問題，用智慧處理問題是一勞永逸。」〔註54〕

　　覺安慈仁在〈一飛衝天金翅鳥〉文中說：「修持密法有三項要件，第一是完全無時間性。修持密法的過程沒有未來與現在，完全超越時間，只有現在當下這一刻。當整個存在集中在一起，當下這一刻變成唯一真實的一刻。第二在當下的這一刻，我們要完全忘掉自己的存在，變成無我。當我們不存在時，會發現別人也不存在。此時我們會進入另一境界，在此境界會發展出一個真實永恆的東出來。第三在此境界我們會變成完全的自然和自在，原來虛構的假面目全部消失，顯露出我們的真面目，了悟我們光明的本性。當然此境界不是很容易能達到的，所以最好的方法是將修行變成您生命的一部份，像是呼吸一樣。」〔註55〕他是在說無住、無念、無相，以及真心任遍知，所以說的是在闡釋一生一世的禪行，同那宗門行人。總之，最好的學佛方式，是依根器受學，專心修持，一心淨信，不要亂跑道場，遇問題依善友、依無垢經論參修學習；師以證量傳，弟以道量授，結緣說法亦當本著正知、正見，或稟持正確的言論，不說誑語與妄論，身為佛子不論僧俗，何時何處都能住地不動就是好修行者。關於藏傳佛教的傳播，黃維忠說：「時至 20 世紀，當現代化的鐘聲迴蕩在雪域大地上時，藏傳佛教又以嶄新的姿態展現在世人面前，走出自我，衝向世界，並以其特有的魅力去街納信徒，傳播文化。他們成功了，在西方掀起了一股來勢不小的藏傳佛教熱。」〔註56〕他的一席話，很像存在主義者的說詞，「存在迷失了自己，走出了自我，創造了多彩繽紛的歷史。」藏傳佛教從中國出走了，連帶也讓達賴喇嘛產生了對政治與個人處境，以及所領導下教團生存發展的思考。

　　在台灣迷戀藏傳佛教的風氣，如同瘋禪般的發酵，台灣人的思考裡學藏密不似藏人那麼的單純，不僅是在學其密法而已，還充斥著祈福、消障、討功德的實惠。或有人以學得很多藏傳密法，而沾沾自喜，說別人得的儀軌僅

〔註53〕釋聖嚴等《心的對話》「漢藏佛教對談」，頁96。
〔註54〕釋聖嚴，前引書，頁99。
〔註55〕鄭振煌主編《認識藏傳佛教》，頁196～197。
〔註56〕黃維忠《藏傳佛教大趨勢》「序」（大千出版社，民91年7月），頁5。

是教學手冊，但有些學人卻不是如此的思考。鄭志明教授在〈藏傳佛教在台發展的現況與省思〉文中說：「藏傳佛教雖然在台灣取得宗教傳播的一席之地，但面對著重視靈驗的世俗民眾，若缺乏神聖領域的自我堅持，也可能導致其精神修持法門的異化，成為民眾滿足現實利益與現實願望的祈福工具。藏傳佛教除了要將宇宙法則實踐在儀式中維持人文的生存秩序，更要不斷進行新世代的調適與轉化，遠離媚俗與庸俗的手段來謀取不當的利益，這需要以修行的智慧來提昇人性的自覺，不讓宗教的神聖力量在現實社會中不自覺的墮落。」〔註57〕鄭教授點出了藏傳佛教在台灣發展上的一些問題，除了一部份是儀軌與禪行問題，一部份是神通問題，還有就是密宗行人的基本行持問題與正邪宗教問題的爭訐。

此外，現在的佛教徒，不論顯密，越來越走上兩種趨勢：「因信而遵從一種宗教或教義的人，他們通過自我改變來調整和改善其生命，一般來說，其行為比那些只是生於此宗教中的人更為自覺和真誠；後者可能常因社會壓力或習慣而固守此宗教之信條。」〔註58〕也就是說，不論顯密佛教，都存在著一些重德行的行者，他們卻大不同於一般我們常見到的那種過寺廟生活的僧人；「通過戒規的影響，人可以改變自己成為主人，能反觀自己的內在的生命狀態；而且人將能指引自己的思想和志向，以成就理性而有意義的生命。」因此，「親近佛道不需要祈禱和崇拜，佛道也不包括任何具有奧秘性的東西，而只是一種對眾生皆懷抱慈悲與同情的日常生活。」〔註59〕但這種僧人在當今社會上，確實難見難能，我親教師明復法師就是其一，在僧眾當中的確特異獨行，而一般居士處於俗世方便，就是更多矣，這是中國人的文化習慣使之然的。慧律法師在「自識」文中說：「世間一切乃眾緣合和，眾力所成，非獨一人所能，是故當懷感恩之心。」〔註60〕「佛法是一種解脫的教育。」〔註61〕「密乘的殊勝之處，來自其禪定修持的嚴密」〔註62〕而不是來自於一般人認為的神通。慧律法師說：「真正的神通，是把煩惱弄通。」

〔註57〕《2004台灣密宗學術研討會論文集》（真佛宗出版社，民94年3月），頁270。
〔註58〕H. Saddhatissa 著、姚冶華《佛教倫理學》序（黎明文化，民82年3月），頁4。
〔註59〕H. Saddhatissa 著、姚冶華《佛教倫理學》序言，頁5。
〔註60〕釋慧律編撰《佛心佛語》（派色文化，民79年10月），頁105。
〔註61〕釋慧律，前引書，頁110。
〔註62〕釋聖嚴《心的對話》「漢藏佛教對談」，達賴喇嘛語，頁90。

〔註 63〕這如同聖嚴法師說的，靠智慧來處事，凡事都可以處理好，靠神通則不然。〔註 64〕「人之所以痛苦，在追求錯誤的東西。」〔註 65〕「平凡的人，追求不平凡；智者則甘於平凡，卻享受平凡。」〔註 66〕凡有追求，必有煩惱。而凡聖之別，在於「凡夫轉境不轉心，聖人轉心不轉境。」〔註 67〕志趣不同，去取各異了。

　　在法門上執著，便會起是非，起知見，執一非他，如此我們的心就不得安住。就此惟覺法師說：「任何法門修到一個頂點，就必須要突破，如何才能突破呢？只有安住大乘心。悟了大乘心就悟了實相。」「歸於本心之後，修任何法門都能得自在，即是法法平等。」「從本性流露出一種大悲心，就善開方便門。」〔註 68〕身為佛教徒，不僅在甚深禪定上打轉，而修心轉念，體悟大愛，才是重要。妙蓮法師在〈閒來多為不急忙〉文中說：「身為佛弟子要有智慧，要覺悟，忙是應當忙的，但為什麼而忙呢？為發菩提心忙，為利益眾生出苦海而忙！學了佛應該要比一般人更忙碌，就像出家人為弘法利生而忙碌不已，所謂著了袈裟事更多啊！在家居士如果能發菩提心，也為弘法利生而忙，那就忙得有代價，有意義了；能如此忙，積善之人多福壽，全積善子孫昌。」〔註 69〕達賴喇嘛認為，佛教的教義說穿了，有著人類的普遍價值在，也就是「世俗的倫理」，因為宗教信仰乃是個人信仰事情的緣故。〔註 70〕就此，他說：「現代的教育制度雖然不錯，然而它似乎立基於一種認為頭腦發達極為重要的普遍觀點上，也就是知識性的教育。這個制度鮮少注意對於個人整體的全面發展，包括如何使他成為一個好人或開發他的善良心地。」〔註 71〕如是佛教倫理學，對佛教徒來說，就顯得格外的重要，也是個人該認知的，也是弘化上的一種方便。在台灣，不論學顯學密佛法或其他世法之學，如藏密行人所說的有一個壞習慣，「就是經常有人把一個人的名字所代表的階級，

〔註 63〕釋慧律《佛心佛語》「自覺篇」，頁 20。
〔註 64〕《心的對話》，頁 99。
〔註 65〕釋慧律《佛心佛語》「自覺篇」，頁 5。
〔註 66〕釋慧律，前引書，頁 8。
〔註 67〕釋慧律，前引書，頁 13。
〔註 68〕釋惟覺《見性成佛》（中台禪寺，民 83 年 8 月），頁 116～117。
〔註 69〕釋妙蓮《念佛知多少》，台灣靈巖山寺，民 89 年 9 月。
〔註 70〕達賴喇嘛著、楊書婷譯《轉化心念》（都會脈動文化月刊，民 90 年 4 月），頁 204。
〔註 71〕達賴喇嘛，前引書「新世紀的道德觀演講記錄稿」，頁 200。

看得比那個人的品質還要重要。〔註 72〕」但名位在世間法或者是學佛道的人看來，不可否認的有其用處，所以讓很多人趨之若鶩。至於修行，要修甚麼法門，或說：「放棄你對於此生的執著，只要你認為這一生這些東西是有價值的，你就不是在修持佛法。」〔註 73〕修行路上，有很典範可以學習，所以不論修顯、密佛法或是入儒、道之門，都講究人的德行與名言，因為其中有不少可以發人深省之處。而「談到大乘佛法、無上密法，或者大手印禪法的修持等，都有一個重點，就是這些修持都要和自心相結合，要用心實際體會的修持。」〔註 74〕

圖 5-1：密宗教法

〔註 72〕宗薩欽哲仁波切〈我的堪布——貢噶旺秋〉，《慧炬》第 549 期（慧炬雜誌社，民 99 年 3 月），頁 24。

〔註 73〕宗薩欽哲仁波切，前引文，《慧炬》第 549 期，頁 28。

〔註 74〕大寶法王鄔金欽列多傑著、堪布丹傑譯〈岡波巴四法（一）〉，《慧炬》第 535、536 期合刊（慧炬雜誌社，民 98 年 2 月），頁 17。

圖 5-2：密宗佛堂

圖 5-3：真言宗佛堂

圖 5-4：圓覺宗傳承

圖 5-5：華人的密宗熱

圖 5-6：聆聽尊者說法

圖 5-7：親近尊者

第六章　明復法師的行實與教化關懷

提要

　　在台灣的佛教當中，不乏是居士出家的學問僧，由於這些僧人當居士時護持佛教不遺其力，出家後更加瞭解佛教於社會弘化時居士每每能扮演傑出的角色，尤其是佛教知識的傳播，這是講經說法、趕經懺的僧尼所缺乏的。在台灣的僧尼當中，也出現多位師家下座，以內、外學宏化而顯名於教界者。在大陸僧人來台，教界面臨異教的攻詰，艱辛地維持著正法，在唸佛與正信佛教初行的階段裡，一些居士往來於高僧大德之間參學，造成了日後佛教山頭與人間佛教的興起。但教界中，也有另類的僧尼，或以辦學，或以書法、或以禪藝術、或以教史、或以論著宏化者，而以道安、印順、明復法師最受人仰重。

　　明復法師，生於民國 3 年，俗姓唐，名書新，河南開封人。先祖為前清太子太傅，師弱冠從家學，性聰敏好讀書，諸子百家經史之學，莫不淹貫。及長，入上海復旦大學研習教育學、史學。來台之初在軍旅，退伍後從事骨董、文藝事業，後師隱然有出俗之志，遂於知天命之年，依白聖上人叩求禪法，剃染入道，息機於圓山臨濟護國禪寺。師既少修家學，慧敏強記，圓具後復遍參修教典，涉獵五部，漸冶融會，遂掩通內外，倏然悟脫。與松山寺道安法師，為師友之交，深談佛教大學成立諸問題，計畫因道安法師的圓寂而中輟。之後致力於寫書、授課、演講，並參與教界研討佛教教育及教界事務。四方學子慕名頻來問學，師則有叩即應，無問不答，必使虛來實往，惑卻智顯而後已。凡見有卓立清質之士，師必多方資助之，使得安穩就學。人多說師

禪餘之際，究心於禪林高僧行實及禪詩、禪畫之探討，其間多開示心源之作，尤以《石濤禪師行實考》、《歷代高僧書畫集》、《中國僧官制度研究》、《中國佛學人名辭典》等大著作，以及《白公上人光壽錄》〔註1〕等，最為世林所器重。師又嘗主編《禪門逸書》皇皇 20 鉅冊，撰禪師文集解題 50 篇。其抉發禪藻，偏探禪心，為人所不能，以此又飲譽於日、韓叢林，諸國學人莫不推崇之。師於民國 94 年圓寂，遺稿積百萬餘言，無一不是發乎婆心，運乎明度；其文章，一章不作一章使，一句不作一句用，似那劈面行棒，應聲下喝的禪德。因此，知者多稱揚師是禪門大德，也是文藻上的一大禪將。

師在教界，特立獨行，其一生著作繁多，舉凡軍事、錢幣、社論、教育、藝術、宗教等議題，多所涉獵，見地超俗。出家之後，曾致力於中國佛教史的教育。民國 70 年左右，師又開始編輯從太平天國以來中國佛教近百年來的大世紀，還有四眾傳記，隨著資料收集的增加，師本想用十大專題來探討近現代的中國佛教史，可惜未畢其功。師是一位很講究傳統章法者，並且也是一位力求革新、講求變化的禪藝術學者。師之禪思想，散見於其著作之中，還有為諸弟子潤筆的論文，亦可窺其面貌。師重要禪思維作品之一，是辛未（80）年孟冬作於霧峰蘭若的「題畫水仙花三十五絕」，現流傳於門生之中。其開頭云：「云何是佛陀，緘口無言說；堪笑雲門叟，一字著得多。」師還有碑塔詩偈等文章，要欣賞、研究它們，就要到韓國寺院尋尋覓覓去了。師還有詩云：「夜靜浮船歸，坦腹臥月明；高歌天地窄，撫膺不勝情。」這也當是師一生的寫照吧，訴說著懷才不遇、壯志難成的心情。

本文，僅就作者 20 多年來親近明復法師所獲致的一些心得，來談論師之創新精神與禪教思維。全文分為「緒論」、「創新的精神」、「禪話意境」、「佛學文叢」、「禪畫理論」與「結論」等六個單元來論述。當中，緒論方面，由中年危機與轉機問題，進一步點出明復法師卓然而立的精神與其進學的功力。第二節「創新的精神」，除了述說其辦理獅子吼月刊、佛學譯粹、佛教藝術等雜誌的過程之外，說明其心中常掛念著的是想創立一個能集合學者參與的佛教

〔註1〕《白公上人光壽錄》，由明復法師所編，是研究白聖法師（1904～1989）生平最重要的資料，全書旁徵博引，令人嘆為觀止。本書記述到白聖法師八十歲（1983），雖有幾年落差，但生平重要事蹟，已盡收羅。除了《白公上人光壽錄》之外，白聖法師往生後明復法師收羅白老生前回憶師友的文章，集成《雲水夢憶》一書，一般在坊間所知者不多，但其價值卻十分珍貴。
http://tw.myblog.yahoo.com/jw!qMuJHd.AEx_zC._HgsAJrXE-/article?mid=75。

史學會；最後談到他所關懷的佛教界的一些教育層面，諸如中年僧人與青年佛子的養成、成立佛教學院的一些理念。第三單元「禪話意境」，這是師徒、師友間的對話記錄，還有一些個人的省思與體會問題。第四節「明復法師的佛學文叢」，說明是書編纂的過程、內容提要與補遺。第五節「禪畫理論」，內容包括畫與禪的關係、禪之妙用、以禪釋心。第六節「結論」，述說親近法師所獲得的一些法益與知識，次談明復法師與道安法師一脈相承的精神，表明「禪在行不在言說」，最後師「放下於此」，此生禪已無餘。

一、緒論

　　喜好中華傳統文化的人，大有人不時受到儒家一些人生哲理的影響，如《論語》「為政第二」云：「子曰：『吾十有五而志於學，三十而立，四十而不惑，五十而知天命，六十而耳順，七十而從心所欲不踰矩。』」吾友前佛光大學龔教授，早年即有成就，但在行將四十歲之年，他卻「沒由來的躁鬱、惆悵、驚恐、慌張起來」，直想避開某些世俗的課題，在淡淡烏雲寵罩之下，因緣使他不斷接觸、探索那層層的宗教話題。〔註2〕民國73年春，我隨黃運喜同學到松山寺，拜訪佛教大德明復上人，當時師70多的高齡，我則在30該立之年，對於人生，雖有人於66年5月送我《華英對照四書》，上題字讚嘆說：「看你的生活如此，你的力量必如此！」其實我徬徨無助已是多年，深刻體會到古人所說的：「獨學而無友，孤陋而寡聞。」大學時導師朱重聖博士對班上同學們說：「人生有半個知己，就可偷笑了！」如今見人說：「無論如何，朋友是彌足針貴的，35歲前你務必最少交一個知己，會讓自己受益匪淺。」〔註3〕聖嚴法師也曾為文，說中年的轉機的問題，勸人早早出家。有人以佛為友，年輕時我則常從大自然或書與蘭草等，去找尋自我，但卻惘然。我人生的轉機，從碰到明復法師開始。

　　龔教授早年聰穎而勤學、遊學問道、窺機從師，其在〈進學〉一文中說：「人生真能用功之時間至為有限，小時知識未開，受父母師長鞭笞箠楚以就學，怨怒惶苦不已，讀如未讀；中年入世，隨俗流轉，生活迫人，救死不暇，哪有餘閑攻堅？老而欲讀書進修，則桑榆晚景，殊難有所期待。因此鑽研攻

〔註2〕《龔鵬程四十自述》「返本」（金楓出版社初版，1996年9月），頁409。
〔註3〕派翠克‧潘著《35歲前要做的33件事》，〈33 交一個知己〉（台北：易富文化，2006年1月），頁284。

苦，俱在年少，其後不過隨時溫習，用免遺忘罷了。」他客氣的說：「我現在
這點學問，大抵也就是在大學時期打下的基礎。」「除非是命世雄才，才能在
吃老本之餘還能有新的進境，否則一個人的學問能做到什麼地步，大約在少
年時期便已確定了。」〔註4〕他的說法，讓我玩味、低吟多時，也常在上課時
向學子們提舉。

　　松山寺，現在已成佛光宗的道場，在那裡碰到明復上人，從此我欣然受
學，雖默默然，但從此漸不覺得徬徨。多年後我忽然會問起學來了，能把心
中的疑情一一吐出，上人仍一本初衷，笑呵呵地作答，對我的說詞他老人家
時或默然，很少面帶嚴肅。讀博士班時，一日與友朋阿真談話間我脫口而出：
「我的師父明復法師！」對方冷漠的說：「他老人家當你的祖父都有餘！」我
沉默很久！上人一生誓言，不收出家徒眾、不上大座講經，我跟在他的身旁
親近多年，知道其生成的心境與背景。一回與明復上人逛街，他老人家拿起
一本雜誌看了一下就買了下來，後來跟我說：「裡面有某些觀念不錯！」他提
及與潘金龍逛街時，覺得有一些不出名的畫作，不貴但很值得買來欣賞，其
中帶有抽象畫的意境，可以跟中國的禪畫相比較。後來我買一本《曹植傳》，
讀取到一句「高樹多悲風」，我心真的能怡然自得！

　　一回，到霧峰參問次，明公看我孤僻久矣，因見我「只師法書中的古今
豪傑」，或好引古人話語，乃說：「人生有二部曲，入讀古人書，出與名士
遊。」多年後，一日明公見我來訪，閒談時乃說：「人生三部曲，入讀古人書，
出與名士遊，出交天下士。」我想師如在世，你跟他說你的見識，他會把你一
念無明法住心，更加增上，如其在客廳牆上高掛的「向上一路」。師的「向上
一指」，大有妙用在，他誇獎你說你將來的行履當如何如何，你如欣然接受，
往後大有要事要承擔，落其禪心的殼中矣，你的猿心若是不住則如古德說
的：「千山萬壑去尋覓。」黃檗希運對百丈懷海云：「今日因和尚舉，得見馬
祖大機之用，然且不識馬祖，若嗣馬祖已後喪我兒孫。」學問真的無止境
啊，「見與師齊，減師半德；見過於師，方堪傳授。」〔註5〕與師對話，不及
與齊之，其皆能容受，如言詞過之或有獨特處，師時加讚許，時不語面帶嚴
肅貌。

〔註4〕龔鵬程《龔鵬程四十自述》「返本」（金楓出版社初版，1996 年 9 月），頁 66。
〔註5〕釋普濟《五燈會元》卷第三〈洪州百丈山懷海禪師〉（德昌出版社，民 65 年
　　　1 月），頁 56。

　　古人學道法，「師以證量傳，弟以道量授。」禪者重視師資傳授，或說：「盜法之人，終不成才。」〔註6〕禪者對其骨孫，「其鍛鍊鉗鎚，可謂妙密。」〔註7〕這實非一般看話禪或僅論話說禪者，可得知之底韻矣！一回到霧峰護國寺參學次，隔日中午臨別要前往太平蓮華山淨土專宗佛學院，為二佛子教導中國佛教史去。〔註8〕明復法師很呵護我，笑呵呵地幫我叫計程車，並對運匠說：「這是我的弟弟，他要到太平！」車子走了，運匠回頭問我：「你幾歲？」我答說：「30多！」又問：「那師父幾歲？」曰：「70左右！」他大起疑情，我乃說其原委，他終於明白了！

　　初見明復法師時，他老人家稱我為賴同學，熟了後稱建成，在他的道友面前曾稱我為老朋友，只有這一次在陌生人面前稱呼我為弟弟，但我始終喊他老人家為師父！他時常對我說：「你始終沒變！」說的是髮型同款式，另外如小學生背著包包，還不時穿著他老人送的唐裝，還有一顆他看起來是仍長不大、含著赤誠的直心。

　　從民國73年到94年，整整20個年頭，我從而立之年到知命之時，都因明復法師之故，一路成長。同學張憲生君在其詩作「醋貓」中云：「苗起的芽，正有人小心調理；眾人不識，唯我千古獨吟。洗去一身塵濁，傲立孤山嶺絕，放懷千秋萬世，笑取日月山河。」〔註9〕看慧遠禪師所說桑榆之光與朝陽之暉〔註10〕，念及明復法師，其晚年一見到我，常說的是：「用此餘生，多照料幾

〔註6〕參見釋惠洪《禪林僧寶傳》卷第一〈撫州曹山本寂禪師傳〉云：「价曰：『三更當來授汝曲折。』時矮師叔者知之，蒲伏繩床下，价不知也。中夜授章，先雲巖所付寶鏡三昧、五位顯訣、三種滲漏畢，再拜趨出。矮師叔引頸呼曰：『洞山禪入我手矣！』价大驚曰：『道法倒屬無及矣！』後皆如所言。」

〔註7〕釋惠洪《禪林僧寶傳》卷第六「贊曰」，台北：新文豐初版，民62年6月。

〔註8〕本課程原是明復法師當任教席，因是煮雲法師的道場，我向明公請求讓我去體會體會！上課前一天午時左右我先到寺院，請益上課內容。當時學子之一是惠學法師，多年後相逢在海明寺，她已當教務工作，我又重被聘來教導中國佛教史。兩人交談甚歡，談及往日在蓮華山的求學，她半開玩笑的說：「聽你講課，很是刺激，但大抵聽不大懂！」一聽此言，真的笑卻我也！有關當時佛學院的師資，上其網頁就可以窺知。後來聽法海法師說，惠學到印度讀書，還俗了，大是可惜！

〔註9〕陳文元等《禪思維與管理藝術》第二集「禪思維——情感與真實」篇（前程企管，民88年11月），頁21～22。另見《張老師文存》、《醉月文選》。

〔註10〕《世說新語》「規箴第十」云：「遠公在廬山中，雖老講學不輟，弟子或有墮者。遠公曰：『桑榆之光，理無遠照，但願朝陽之暉，與時並明耳！』執經登坐，諷誦朗暢，詞色甚苦，高足之徒，肅然增敬。」

個年青學子！」我忽然有醒，「高樹雖然多悲風，卻可讓茁芽好昂揚。」初時明復法師同那弘一大師，課著那灰頭冷臉的學子，詞色真的會是甚苦訝。後來他碰到一群群學子來問學，我想在此教學相長的環境下，其禪心不死，又活了過來！〔註11〕《禪思維與管理藝術》第二集「獨坐」詩云：「上堂已了各西東，恁憑闍梨敲又鐘；年來還是塵撲面，怎似獨坐樂其中。」師弟師資傳授，依佛法是講究「因緣時節」，勉強不得。《禪林僧寶傳》卷六「贊」曰：「莊子曰：『北溟有魚，其名曰鯤，化而為鵬，九萬里風斯在下。然聽其自化也，使之化，則非能鵬也。膺安似之，其絕也，理之固然。』」本文，就以我所知、所體會的明復法師，來談論一些他的創新精神以及其禪話意境，以告慰他老人家多年來的教誨、化導之恩。

二、創新的精神

現代人好談創新與創發，文化創意產業一一出籠來了，台北、上海辦起了雙城文博會，熱鬧非凡。談到發明與創新，中國古人重視本然，僅說發現與體會、覺醒得來，或說「我述而不作」，行文多引某某云，再加以論說。教界中人，看明復法師，或許有某些行為很奇特、有某些行徑是很躁進的，但跟在他老人家身旁久了，你會發覺到他其實很尊重傳統，很尊師重道，很會欣賞人的特質與專長，他的眼光見解很是獨特。這些或許跟他的人生歷練中學過藝術，以及甚關心宗教、教育與佛教史學，有極大的關連，還有與他的修持慧力之顯發以及慈悲心有關。

明復法師很鼓勵我，多看比較心理學與比教宗教學的書籍，其心靈狀態與處境，我們套用龔教授在〈樹異〉文中所說的來觀察，其云：「因為在激進處，我與他們一樣激進；在復古處，我又深入於最遠最古最陳舊的地方，所以我洞燭並擁有一切新潮流者和守舊者的姿態、語言、心靈樣態，反而可以成為最能與他們溝通且獲得了解的人。即或他們未能真將我看作是他們同一國的人，彼此也不盡為一種決絕斷裂的關係。」〔註12〕而明復法師早年多方參學，學淨土、學華嚴、學密法，也因跟過很多當代大師有所因緣，深受契重，後「法門改轉」到禪的方面去了，為那些師家門下所不諒解。

〔註11〕王播「題惠照寺」云：「上堂已了各西東，慚愧闍梨飯後鐘；三十年來塵撲面，如今始得碧紗籠。」（洪邁《唐人萬首絕句選》卷四，文光出版社，民58年，頁96）
〔註12〕《龔鵬程四十自述》，頁169。

〔註13〕有人說：「成功者創造我的人生，失敗者則說我是人生。」龔教授與明復法師同那俗聖的兩端，都有著極高的成就，深具創意與創發力。龔授教有多面向的精神，很敢大膽的批判，也努力地舒捲自我的情懷，自負甚高的他居然碰到了對於異端精神的多面發展，其云：「這樣的人生，豈不甚為孤涼？哦，也不盡然。和所有人都不一樣，我行我素，我用我法。」所謂的「中年危機」，還好他懂得下車、轉車，別開了生面。〔註14〕但古人卻說：「志趣不同，去取各異。」

　　佛教中人卻不同凡俗，有其宗教旨歸，只慮緣在何方，還有門庭傳燈、逗緣濟生之事。如年輕的法雲法師，下了思念的列車，走向簡易的大路行了，求個歷歷孤明。〔註15〕明復法師也是從台灣佛教僧團中，轉個心念，過自己行化的生活，其不同日僧天倫和尚暫時下車後過著 25 年的俗世生活。〔註16〕有創新的精神，也要有活水泉源。一個人要過著創意而別開生面的生活，「大量的學習，大量的累積自己的基礎知識，創意才能實現，才有能量，才有價值，而且被需要。」〔註17〕這方面，明復法師曾「盡藏在澗底」，游魚難識，吾人親近時日既久，方見其如古德所說的「開心果子」「一一合盤托出」，真的讓我們大開眼界。真華法師說道安法師可愛，在我眼裡師同樣大有可愛處。最近跟至廷家人到東湖看太子爺辦事，至廷說：「太子爺，可愛！」太子爺答：「是威嚴不是可愛！」太子爺說話的模樣是可愛的，辦起事來很威嚴。拿太子爺跟師相比，雖然顯得不倫不類，但如果我把故事說給師聽，他

〔註13〕一回我叫一部計程車出門，那位司機說：「先生，我看你很面熟！」我說：「我正想說此話！」我們結緣於海明寺，他有事在寺中幫忙，常開車到新莊載我上下課，是悟明長老交待要尊重、禮敬老師的緣故。他說：「我其實不信廟中講的那一套當義工消障事！」我不答腔，話題轉到明復法師，他說：「我在淨空法師處，他說你師父……。」我聽聽而已。初見心道法師，一聽我說明復法師，他答腔說：「那個學藝術的明復法師，我知道！」
〔註14〕龔鵬程《龔鵬程四十自述》「返本」，頁 409。其又云：「從境界而非學科領域上去開拓我新的生命。另一種方式，則可能就是從儒家以外的領域，去尋找或開發資源，看看能否帶來新的契機。深入佛教道教，正符合此一方向與要求。」（前引書，頁 412）
〔註15〕《僧伽》第 8 卷第 1 期，頁 63。
〔註16〕徐明達等譯《禪僧與癌共生》「中途下車」（東大圖書，民 86 年 3 月），頁 50～51。另見賴建成〈禪思維——告別老友的新生活〉（前程企管《禪思維與管理藝術》第三集，民 89 年 3 月），頁 1～18。
〔註17〕派翠克・潘等著《35 歲前要做的 33 件事》（台北：易富文化，2006 年 1 月），頁 171～172。

老人家會覺得有趣。說實在，師威嚴中不失天真及可愛處。

（一）辦理雜誌

俗話說：『要讓一個人傾家蕩產，最好的方式是找他辦報紙、辦刊物。』但辦報社、辦刊物的人，所思量的不同凡響，能覺民智、去茅塞、開新思潮、福國利民，是智仁勇者的行為。佛教印經書，最是普及，說：「續佛教的命脈，其功德不可思議。」但不講究版本、裝訂與校對，不講究精美，不然可讓大專院校的圖書館辦收藏，達到宣傳效果。〔註18〕教內的佛教報紙、刊物，已讓人感到目不暇給〔註19〕，但其缺點不少，如新聞為文章所掩蓋，且許多新聞多成舊聞，因為佛學月刊一月一次之故，乃有覺世旬刊出世。但不久即告停刊，除了人不夠、經費不足之外，或說：「佛教以度生為旨。辦佛教刊物，固亦應以服務人群為目的，但有時實難於應付。例如：『若干期來，14、23兩版中間之廣告欄內，皆是同們來稿，一文不名，有時還嫌地位甚小，不夠醒目。弟之琉璃經房佛書廣告，皆因而擱置。今日辦佛教刊物，而能捨己從人如覺世者，敢云，鮮矣！倘來稿不刊，恐得罪人，或竟因之而遭遇破壞。故左右皆覺為難，一氣之下，乃有停刊之意。』」〔註20〕佛教刊物難為，南亭法師說：「中央、新生，各大報紙皆發大財。我數十百萬之佛教徒不能維持此一區區之刊物，而聽之停息。寧非恥辱。」〔註21〕佛教刊物，大抵無多少訂戶，以助印或贈送為原則，文章以舊東西為多，新的也是唸佛或學佛感言、還有教界活動報導，論文哪裡去要，登上了論文也會被說是佛學不如菩薩感應故事來得能啟發人，論文不及那感動人的唸佛往生故事。

1. 獅子吼月刊

關於該雜誌，圓香居士在〈道安法師簡略年譜〉「民國29年庚辰條」說：「元月，創辦《獅子吼》月刊社，發行月刊，弘揚佛法，為抗日聖戰宣傳，鼓勵寺院生產，節約糧食，支援抗戰，報效國家。」〔註22〕「民國51年壬寅條」上云：「4月，獅子吼月刊復刊，發行遍及海內外，並創立獅子吼文庫，發行

〔註18〕釋南亭〈告印經書〉，《南亭和尚全集》，頁360～361。
〔註19〕釋南亭，前引文，《南亭和尚全集》，頁360。
〔註20〕釋南亭〈我對覺世旬刊停續之意見〉，《南亭和尚全集》，頁362。
〔註21〕釋南亭，前引文，《南亭和尚全集》，頁362。
〔註22〕《道安長老紀念集》（台北：松山寺民，民67年1月），頁25。《道安法師七十歲紀念論文集》（《獅子吼》月刊社，民65年11月），頁22所云是民國30年。台灣《獅子吼》雜誌封面，皆印著29年1月15日創刊。

各種論著。」〔註23〕道公於民國66年元月捨報，之前其曾對友朋說：「我一但倒下後，可能《獅子吼》會受影響，故只擔心《獅子吼》，其他都沒有什麼掛意。」〔註24〕道安法師在復刊號上，大聲疾呼教界對青年學子的佛法教育，他說：「要想你弘法他們能接受，首先便要『把你化成他』，要你和他的面貌一樣。這樣，我們便可以瞭解四攝法中『同事』一門的深義，和觀世音菩薩普門品的個中了。」〔註25〕大悲心的發起，明復法師說此是不離「依他起性」的，無人我與空智雙運。

曉雲法師在〈記念道安老法師〉文中說：「可知，一位發具足心的大德，為佛教為眾生而盡行壽、獻生命，這是事實。古往的大師大德，我們沒有看到，可是道安法師病在垂危中，而不忘為佛教前途，設想，這是為我們這一代的深深警策！的確是今天佛教一個大問題。能獻身佛教固然難得，但真正能為佛教保存優良傳統，而創造佛教事業，更需要學養內涵和具有菩薩海量的心境，才能做到。」道公在病床上，還口口聲聲掛著：「我們要為光復大陸重建大陸佛教早作打算。」還約明復法師說：「改一天，我稍微輕鬆一點，歡迎你來，我們詳細談談。」〔註26〕當時有人說：「若是道老有什麼山長水短，中國佛教目前這種遲緩的進步，至少要停滯十年八年。十年八年之間，不知道會有什麼併發症，十年八年之後也不知道會有什麼後遺症發生。」（〈明復法師紀念道安法師文〉）〔註27〕這讓我想到智者大師的事，夢中梵僧告之說：「機緣如薪，照用如火，傍住如三種備矣，化道即行。機用將盡，傍住亦息。」陳文元居士在〈身心地圖與管藝術〉談到古德流方話道公時說：「民國73年12月1日，明復法師接任獅刊社長，賴建成與黃運喜任編輯委員，重整獅刊，使其具有國際化的水準。為期8月，因圓香居士的不滿情緒，導致上人遷住霧峰護國寺，刊物由演培法師與關世謙居士主持。聖成師說：『回憶往事，總有一些覺受的！獅刊在明復上人的整編下，本可獲得新聞局頒發的獎項，但靈根師不好虛名而拒絕申請。明復上人表示，就當作鼓勵年輕學子，給他們精神上的一點慰藉。靈根師還是不肯，可見其與道公的心行

〔註23〕《道安長老紀念集》，頁35。

〔註24〕《道安長老紀念集》，頁140～141。

〔註25〕《獅子吼》月刊，頁3。另見陳文元〈思維古今禪德的流芳〉「話道公」，《禪思維與禪境的意趣》第二集上篇，頁51～61。

〔註26〕《道安長老紀念集》，頁111～112。

〔註27〕前引書，頁116。

有別。』」〔註28〕讀者如看第 24 卷第 1 期的《獅子吼》封面藝術、編輯群、社論以及學術論文、高僧大德論教義的作品、禪詩還有各國的名作等文章，這些都跟以往雜誌的形式與風格，大為不同，當然還保存著道安法師的遺著《中共迫害宗教》中英翻譯文章的連載。總編輯還掛著「圓香」之名，藝術顧問是董夢梅、姜一涵、陳清香與歐陽錕，而我主要是負責明復法師交待的英、日譯文事務。明復法師說，天龍一柱香還有一些紀念文刊出已經過久了！佛教信仰，除了「觀音靈感」之外，總還要有一些更深層文化與更高層且寬宏的論述，才能引領教界。的確擁有雜誌的主導權，就擁有一些資源，這其實就看主事者的心行了。明復法師在其主編獅刊〈社論──期待商討的構想〉文中說：「《獅子吼》月刊自從民國 29 年 1 月 15 日在彌漫著抗日戰爭的烟火的桂林市誕生以來，經歷了許多次驚天動地的慘烈變故，遭受過許多次極其慘痛的折磨，但卻無碍其成長苗壯，尤未能阻難他對艱苦奮進的國家與胞澤作有價值的奉獻，為廣大讀者作有意義的服務，並獲得他們的敬重與愛護。這都是本刊創辦人道安長老和歷屆工作人員的菩薩行願的感召所致，本刊同仁一直奉為龜鑑，念念不忘。現在，讀者對本刊的雲情高誼，固然有增無減，惟因受到世事變異的影響，對佛法的體認，已與往昔顯然不同，連帶著，對本刊的企求，也不復近似當年，譬如……」接著又說：「由於佛教流佈世界化的趨勢日益加速，十方大眾業已或多或少的親嘗到佛法一味無別的密義。往昔的門戶宗派國俗傳統等種種差異，種種絆羈，俱已成為明日黃花。唯我國那種傳統的融貫涵攝的治學精神，表現出與時俱新的殊勝意義。我們應如何予以發揚光大，對內清除殘餘的壁壘，對外羁夷陳舊的歧異，在新時代中再創唐宋時期對教義研究的燦爛成績。由於佛教度濟社會化的趨勢逐步接近，使得舊日世出世間、大乘小乘的爭執糾纏，一時頓成過眼雲烟，使與之有關的爭辯，都成為無意義的觀念遊戲。而對於古代的『無盡藏』、『普同院』、『十方叢林』等施設的深沉的精神卻有了新的辨認。這樣，將如何繼續古德們那種予大乘菩薩行以社會化、制度化的努力，而擴大其範疇，賡續其效用，以期澤及永世，蔭普萬方。由於佛教化導普及的趨勢愈見顯明，非止社會各階層的意識與情操期待佛法去融和昇華，乃至人類文化的各部門也都企望著佛法的灌沃拂煦。這說明「當下即是」的密意。然而，如何從不同的角度，用不同的方式，於社會文化中普遍的，隨時的，發揮佛法的妙用，

〔註28〕《禪思維與管理藝術》，頁 58。

顯示佛法的莊嚴，以拓展現實的社會生活呢。若是冷靜的審量這些問題，會發覺它們都具有一種劃時代的效能，實在不易遽行解答。本刊為著順應讀者的企求，貫徹我們服務的本懷，設計了一套覓求這些問題的答案的方法，嘗試著去作適宜適切的解答。我們想：『一、深入探求我國傳統佛學的奧義，拂棄門戶派別的成見，汰除附會污染等邪說，以超然的態度，精審的思辨，抉擇其純正的、殊勝的密旨而弘揚之。二、廣泛報導國際佛學研究動態與其成果，並與各地研究結構建立周密持久的連繫，以推動國際佛學交流與合作。三、盡量為國內外各種社會慈善福祉事業作傳播、研究、支援等項之服務，而適宜的引用佛教究竟法以促進其意義，增加效能。四、主動參與文化界各種有益社會人生的文教活動，並本照佛法的正知見，導之共同淨化人心，滌濾習俗，以創造高潔莊嚴的社會生活。』我們相信，在現代社會中，純正健全的宗教刊物，應能圓活的達成這項任務，就本刊來講，也極欲勉乎其難，故而敢於嘗試著用這一套辦法來謀求問的解決。其實所謂辦法，不過是一種期待商討的構想。一種呼籲廣大讀者一志同心，積極參與，以促其順利施行的構想。其功能雖只是導向問題的解答，然而獲得大眾參與的時候，就可以解答問題了。我們熱忱的期待各方共襄善舉，一同參加商討，用睿智與實踐來做商討，我們若能從實際經驗中得到完美的體認時，那不就是所覓求的答案嗎。」〔註29〕

民國 84 年 8 月 15 日，《獅子吼》發出停刊啟事，全文如下：「本刊多年，感謝海內外諸位法師居士們的愛護和支持，在平穩中度過 24 個年頭。非常不幸，近來發現《獅子吼》內臟生長毒瘤，即使華陀在世亦不能醫治。經過長時間考慮，只有忍痛宣告停刊。靈根以最沉痛的心情，在此向海內外作者讀者們，致萬分的歉意，并乞原諒！再見！《獅子吼》發行人釋靈根謹啟。」〔註30〕

我與黃運喜、潘金龍、吳枝開等多人，受明復上人的點撥，於民國 73 年（佛曆 2528）8 月 15 日皈依靈根法師，後常在松山寺留連受學，並協辦獅刊，聽聞不少佛教界逸聞奇事。後來幾經思量，獅刊由關世謙居士擔任主編，他曾經來信向我約稿、催稿，有多封書信往來。〔註31〕獅刊復刊多年後，

〔註29〕《獅子吼月刊》第 24 卷第 1 期，民 75 年 1 月 15 日。
〔註30〕《獅子吼月刊》第 24 卷第 8 期封底內頁。
〔註31〕賴建成〈與明復上人編雜誌感言〉，《禪思維與禪意境的意趣》，頁 24。

我仍在寶積資訊公司工作，一回要寄一篇張憲生的有關唐朝佛教的文章給獅刊，得到的回覆讓我驚訝！民國 83 年 6 月，因獅刊又在內外問題交雜下再度停刊了，9 月 2 日靈根師的回函中寫著：「建成居士，《獅子吼》雜誌已於 83 年 6 月正式宣告停刊，也不想再復刊。」除了沉痛之外，回想起來，「獅刊造就了我論文的寫作，也使明復上人的能力，受到印順長老的肯定，並獲得教界甚多人士的讚許。」〔註32〕

2. 佛學譯粹

台灣早期教界人士，不論僧俗都常借用日人研究的成果，如東初法師、楊白衣居士，還有張曼濤君一系列的大乘文化叢書，還有旅港學人的一些英文譯作。這些在早期《獅子吼》、《海潮音》等刊物上得見一斑。因辦獅刊的一些心得與成就，我看明復法師很亟迫地又在構思著《佛學譯粹》、《佛教藝術》等刊物的籌畫事務，我心中不免有些擔憂，但念及其與道公一樣，「悲心是如何的真切」，就跟著做下去了。

道公與明復法師，是師友關係，他們的精神，他們的行願，有雷同之處，君看明復法師與潘襬往來信札，亦可以得知。法振法師在〈遙寄常寂光中的安公和尚〉引道公所說的話：「眼前的構想，比起成佛的事業，不過是滄海之一粟，為什麼要怕說，說話畏首畏尾，都是心志怯弱、慈悲願力不真切所致。學佛，要有大丈夫氣慨，要有擔當，祇要願力真切了，自然會向宏願處發展，宏闊的願力，決不是急切近利可以速成的，今生辦不到的，來生一定可以辦到，來生辦不到的，終久必可以辦到。事業的成就賴因緣，儘管不能速成，但信譽決不可或忘。」〔註33〕

法振法師一聽道公的訓示，多病的他「精神也不自覺振作起來。」而明復老不同道公，他說話不多，如我說「真的做不來」或覺得「僅能扮演某種角色」時，他總是笑呵呵地對我說：「慢慢來，不用急！」明復法師不僅重視戒

〔註32〕《禪思維與管理藝術》，頁 58。明復上人說其早期編過掃蕩報，也曾寫過軍事文章，編過錢幣、《心經禪解》、《佛教人名辭典》等書籍。聽說印順法師對演培法師說過，明復法師蠻有些能力才華的，等獅刊整篇多期，眾人首肯讚揚不已，印老也很高興。靈根師在明復法師要離開松山寺時說：「這 8 月來的刊物，我已請人裝訂成冊，你看看，這些就當作紀念！」當時我隨侍在側。松山寺長年舉辦大專佛教論文的講助學金，我曾寫過一篇文章，得獎助學金一萬元，我想這是兩位師父在鼓勵我的，但我是刊物的編輯委員，還審察文章，所以從此以後我再也不參與申請，把機會留給其他需要講助的佛子。

〔註33〕《道安長老紀念集》，頁 25～26。

德〔註34〕，也強調佛教文化的傳布與交流，使作文化之增上。明復法師在《佛
學譯粹》〈發刊詞〉文中說：「佛學在中國遭受熾烈的災難 38 年後的今天，我
們來創辦這份雜誌，才是因為不忍坐視這門已在我國弘傳了兩千餘年的學
問，倏忽間就此滅絕，而發願為他的重振與光大盡一份綿薄的微力。同時也
因鑑於我們陷入災難這些年中，佛學轉在世界各地欣然興起，普受世人尊重，
普為世人樂意研究，已成為當世顯學。而我國佛學的重振與發展，已成為新
崛起的世界佛學中不可分割、不可輕忽的一部份。故而今日光大我國傳統佛
學的當前急務，莫過於啟迪學人世界性的認識與擔當，完成其世界性的轉化
與知能。也即是完成中國佛學的世界化。三百年前歐洲人侵入印度之際，漸
為博大精深的佛學所折服，而開始了佛學的研究。他們遠祧文藝復興期間人
文主義思想的原則，近承實證主義思想的陶染，視佛學無異於一般知識，而
置之人文科學體系中研究之。置之於現實社會生活中研究之。置之自然科學
的領域中，以試驗、觀察、分析統計的方法研究之。他們以一種類似宗教信
仰熱忱，不避艱險，深入亞洲腹地的荒涼廢中，探查堙埋已久的古遺蹟，援
引社會學、人類學、心理學等方面的知識與方法而鑽研之。他們企圖發揮其
拓殖荒的氣概，超越並世現存的種佛學學說而直擊其啟始源頭，其窺其本來
面目。積三百年之努力，已獲得為豐富的成果，其間雖然不無與各地域；各
宗派的傳統說法相牴觸的地方，然其平實穩貼的風格，明確肯切的實證，在
科學思潮披靡一世的背景前，極為人們所樂於信重。我國楊仁山長者，於清
末同光之際宦遊西歐，已感受這種殊異學風排沮之，因而與一位日本遊學僧
南條文雄共同發願弘揚釋迦正法於世界。回國後，他創辦了三個新性質的弘
法機構：金陵刻經處、祇洹精舍、佛學研究會。就這樣，他突破了中國佛教徒
自錮之冪，將背負著兩千年舊學風、舊規制的中國佛學，推送到世界佛的洪
流之中。這雖是一種改變歷史的偉大事業，卻不是所謂「革命性」的工作。因
為從不污衊舊時的風氣與信仰，反而教人正視其的意義與價值。他非常樂觀，

〔註34〕諸人在松山寺參學時，師都會講一些守戒與破戒的故事，因為不守戒諸善功
　　　　德不得昇起。靈跟法師有時會拿一些藏書來送給我們，師常指點我們，跟靈
　　　　根法師學德性。有一回，我在大殿前的小屋裡看到一些舊的雜誌與書籍，這
　　　　些書刊是流通用的，需要的人可以拿去使用。當時我看到數本印光法師的文
　　　　存，雖然破舊但是珍貴的，黃運喜兄看到我有這幾本書，以為我向圖書館拿
　　　　的，明復法師一見我就說：「不告而拿，謂之盜！」我心胸坦然，不在意這些，
　　　　我僅在意師之教誨。

認為由於中國佛學的奮發，必可使新興的世界佛學更趨輝煌。因為中國佛學本是融會唐宋及其以前的世界佛學知識的一門學問。沒有理由因其所涵蘊的時代；地域性與夫個人主觀的偏訛的揚棄其全部義理，忽視其全部價值。關於這一點，二次大後，即使是最頑冥的人，也充分認知當代世界佛學若是希求更進一層的，勢必有賴對中國佛學的深刻正確的體認。因而這種重估中國佛學價的時潮，課於中國佛學者以新的歷史使命，即致力鑽研當代世界佛學，以為重新體認本國傳統佛學之資，而完成引導世界佛學融員匯通之任。這也正是我們這份雜誌願為國內佛學學人效勞之處，協助諸位學人完成這一歷史使命，是我們唯一的宗旨。我們願意竭盡心力，廣泛的、深入的、迅速的搜羅當前各國學者的佛學著作，擇精摘要，為讀者譯出，以充研究資料。同時也將詳盡的報導各地佛學者治學方法與其生活情況，幫助讀者對其思想、見地的養成的能更親切的瞭解。而且也將普遍報導各地佛學研究團體活動情形，與管理、設備、工作等一段情形。另一方面也將周詳的採集各地對當代佛學研究的評鑑與建議，以為我們治學的參考。我們雜誌於適當時機，將發行一種「國際版」，介紹國內佛學研究成果給世界。我們並以本刊園地，提供讀者作為與全世界佛學研究者論學會友的場所，從這裡展開世界佛學莊嚴光燦的清淨景象。不過，我們應該申明一件極為重要的事，本刊所介紹的許多大著宏論，就研究工作講，其價值與意義，充其量也不過是攻玉之石而已。在未經一己審思明辨，大眾長時日的觀察實證之絕不可然以之與祖訓師說並列同論，也不可輕率的斷為邪說戲論。試想佛說的種種法門，我們學人尚須依之親修實證，方能獲益。何況出乎凡外的論著，金混雜，豈可輕信。我們今日面對龍雜歧異的資料，進行繁冗精細的研究，且將以其成果，普利人天，更應該養成一種恢宏廣闊的器量，冷靜謹慎的態與精確的批判是擇的能力，以從事膽大眼明、氣和心平的研究往日那種熱中闖放、肆行詆毀、誇大虛張、浮燥淺薄、意氣、動肝火的舊習氣，必須揚棄，否則雖然研究本刊的文章，也無益一己的研究工作。〔註 35〕

　　除了說明辦理譯粹的宗旨之外，其在〈編者敬白〉文中說：「這一期編輯的主眼，是介紹當代國際間佛學者與國內傳統佛學者共同論題的不同見解，以及與佛學直接有關的世間學說。我們一共採用了二十四篇論著，分為五個單元。（中略）總之，這一期我們藉著中外共同論題的研究為中心，介紹一些

〔註 35〕《佛學譯粹》第 1 卷第 1 期，民 75 年 5 月 16 日。

不同的見解，一則使讀者親切的認識當代佛學神貌，一則協助讀者能省察一己的研究工作。古德云：『讀萬卷書，交天下士。』其目的即在此。」〔註36〕關於《佛學譯粹》，一開始總共準備了兩期稿件，因經費等的關係，僅出一期就停下來了。〔註37〕

　　比較道公，法源法師說他老人家「席不暇暖地到處講經說法，傳戒辦學，創設大專佛學講座，推進國際佛教關係，雖然遭遇了重重的魔障，到底植下了無數的菩提根苗，並且都在不斷的成長苗壯。」〔註38〕明復法師很重視「佛教世界的法要」，因其可「開拓中國人的眼界與胸襟，并激發起國人智慧與熱忱，完成世界文化之融匯，使作更高度之展現。」〔註39〕明復法師說：「古人護持佛教，有多種，一是把斷滅的法脈承接發揚下去，二是使作文化的創進，三是弘法也要兼作利生事業。其精神貴在，發廣大行願，有佛處急走過，無佛處慢慢行。」佛學譯粹的出刊，是推展國際佛教關係的一種重要媒介，很難有人能持續做得下去的，「法不孤行，仗緣以生」。後來龔教授在心道法師處，主編國際佛學研究年刊、國際佛學譯粹，策畫主題講座等。〔註40〕曾邀我作專題演講，題目是〈當前社會現象與佛教教育的考察〉，原文之前刊登在獅刊 31 卷 8 期～32 卷 1 期。80 年 6 月，《國際佛學譯粹》第一輯出版，龔教授在「序」文中說：「國際佛學研究中心，是以佛學研究為，重點的學術機構，期望在不斷舉辦的學術活動交流中，結合培養研究人才，匯集資訊文獻，開拓研究領域。因此，掌握當代研究的動脈，了解國外佛學論作，最紮實有效得方法就是研讀及翻譯。所以，靈鷲山般若文教基金會願意支持這個譯粹的編輯出版，作為其般若學術叢刊之一，這是值得感謝的。」〔註41〕

〔註36〕《佛學譯粹》第 1 卷第 1 期，頁 274～275。
〔註37〕本刊物由余崇生教授掛主編，我是執行編輯，他曾約我喝咖啡長談，主題是談論明復老的狀況、經費問題以及辦此雜誌的可能性。這真的讓我覺得，檀信護持的重要性了！此刊物雖然讓佛教學人叫好，但難以得到寺院中人與信徒的鼎力相助。眼光與布施問題，加上山頭主義，佛教真的要自生自滅，自求多福，悲哉！
〔註38〕《道安長老紀念集》，〈遙寄常寂光中的安公和尚〉，頁 27。
〔註39〕《吳越佛教之發展》，〈佛教之中國化〉，頁 2。本碩士論文「第一章緒論」第一節，得到明復上人費心修改，所以帶有濃厚的明復法師對中國佛法的觀感與期許。
〔註40〕《龔鵬程四十自述》，頁 411。
〔註41〕國際佛學研究中心編譯《國際佛學譯粹》第一輯「序」（靈鷲山出版社，民 80 年 6 月），頁 2。

有基金會支持，這個譯粹同那個人支持的《佛學譯粹》，也面臨到不同的問題，即稿件來源與素質。透過關居士，蔡瑞霖、明復法師、黃運喜與我諸人到松山寺聚會。參拜過靈根法師後，蔡瑞霖詢問我《佛學譯粹》稿件問題，我說都交給杜學長了。後來有一次與龔教授聚會。餐敘中談到《佛學譯粹》，他說：「我們就是承繼你們的工作。」但他們的譯作多是來自日文，僅一篇法文，我們的譯粹有日、韓、印度、尼泊爾、瑞士、荷蘭、加拿大、錫蘭、挪威諸國與西藏人的作品。〔註42〕

3. 佛教藝術

南亭法師在讀《維摩經》之後，覺得「畫也未嘗不可以作佛事了！」其讚揚曉雲法師說：「她的筆法、立意，其高逸處似欲旨發石濤之運筆，且比佛學思想涵融畫境，無論佛像、山水，是亦以畫說法者。」〔註43〕在繪畫、書法、音樂等藝文層面上，人們可以在無國界色彩下盡情率性的交流；它們不僅關涉到一個人的文化涵養，如善用它們，易生教化功能，是佛教徒跟社會發生關係的好方法。人生其實也是一種生活藝術，我跟明復法師久了，略通一點藝術氣息，多年後我與張憲生、吳世英合編了一本《藝術與生活美學》，這本書的內容提到不少明復法師的禪藝術思維。

在〈與明復法師編雜誌感言〉一文中，我提到：「我見了明復上人之後，知曉政治有其立場，不是我的興趣，受到他老人家的鼓勵，轉攻一向為人所忽視的吳越國佛教史，這使我在教界與學術界一下子熬出了頭。且因隨明復法師辦理道公所創的獅刊，一連串的撰文與譯稿，使見識更加的增上。在松山寺道公的方丈，常聽師父談論教界的事務與道公的行誼，我由是皈依佛教，成了護法者。師所辦理的獅刊、《佛學譯粹》與《佛教藝術》的過程以及承受的種種艱辛，我或多知曉，因我擔任物色一些譯者及搜集部份稿件的責任，他與靈根師說話，我隨侍在旁。惜機緣已盡，三個刊物的編輯工作後來都告一個段落，師遠赴霧峰護國寺寄居，我則四處飄泊迄今。」〔註44〕

關於佛教藝術，有人說是師禪餘的最愛，我覺得跟他老人家在一起，有很多方面的美學知識得以窺見。在松山寺，在霧峰護國寺，在其下榻旅店處，逛街乃至於散步遊山，都離不了談到藝術欣賞與宗教心靈的話題。他跟阿開、

〔註42〕《佛學譯粹》創刊號，英文部份大都是我翻譯的，我用了不少筆名。
〔註43〕釋南亭〈寫在雲門畫展之前〉，《南亭和尚全集》，頁352～353。
〔註44〕《禪思維與禪境的意趣》第二集下篇，頁22～23。

金龍談藝術或看藝術作品時，不懂得藝術的我只有聽字訣了！在辦理獅刊時，裡頭少不了藝術作品，如社壇、論壇、譯壇、學壇之外，還有藝壇篇幅，有吳永猛與李玉珉等人的作品。因藝壇篇幅的經驗，加上明復法師多年的人脈關係，很神勇地構思出《佛教藝術》刊物的雛形。記得我到華岡去拜訪過陳清香教授，談到法師交待的一些事務，不久刊物就出版了，由陳清香教授擔任總編輯。師在〈發刊辭〉上說：「宗教與藝術，在我們實際生活中，是一是二，殊費思索。因為此二者自創始以來，便緊密的結合在一起，相互為用，從不曾偏廢歧離，發生過矛盾衝突的情事。兩千年前，佛教從印度攜帶著東歐西亞和北非地區許多文明民族的優美藝術來到中國。我們先民以虔誠的信仰，接受了佛教，同時也接受了這些寶貴的藝術。而後，費了數百年的精力，把這些輸入的珍貴贈品和我們固有的藝術陶融在一起，創造出人類文化史上第一種高尚優雅的世界性的藝術，隨同佛教，傳播四遠，流布至今。不但如此，我們所創造的這程世界性高雅的藝術，具有多元性的內容，涵蓋了文化範疇中每一項目，每一章節。這顯然是由大乘佛法的「淨土思想」中化育出來的。經中曾言：在佛淨土中，非止行樹眾鳥解宣法化，樓閣宮殿也皆能演說妙諦。我們先民在這種啟示下，善巧的把佛法精義融貫到藝術創作中，敷展為清淨莊嚴的優美文化，灌注於現實生活每一個細節之中，使廣大民眾吸飲吞服，無竭無匱，以至躬行而不察，日用而不知。我們試拈任何一件隋唐兩宋的遺物來看，都可發現其中充盈著大眾佛法的第一義諦。我們民族因為有此成就，廣受世人尊重讚揚，歷千餘年而不衰。現在又走我們創作第二次新的世界藝術的適當時機了。半個世紀以來，在任何一所佛法曾經流布的區域，都有人在有計畫的，大規模的作佛教史蹟的探考與重整的工作。湮沒於偏遠地區的森林中、沙漠中，乃至深深的淪入海底，埋入地下的塔寺岩窟，一處處被發掘整建。流失在文獻中，早已被人遺忘的音樂、舞蹈、戲劇，也有許多學者專家在整理鑽研。另外，一些歷經桑滄，幸存於世的古老方技、習俗或典章，更為大家所珍視、所尊重，而予以考究、探討，重新傳播於世，這是全人類共同致力的偉大運動，行見新的世界性藝術，在不久的將來，誕生於世，一如我們在唐宋時代所作所為。在這陣巨潮中，我們往昔佛救藝術成就，極受重視。經過長時日的研究探索，成績固屬可觀，如果想更上一層樓，則須賴我國學者參加，民眾支持。換言之，即須在我國內也掀起一陣同樣的熱烈的，普遍的研究巨潮，與之匯合，以收共同奮進，互輔為用的功效。就事理言，這確是

必要的。因而我們一些對佛教藝術素有興趣，且一向留心的研究的同好，首舉行了幾次集會，詳盡的交換推展研究工作的意義。大家認為研究中國佛教藝術，在今天，必須匯合國內外緇素專家、各科學者的力量，共同從事。必須求取民眾，尤其是青年學才俊的參與。必須有長期的謀劃，廣泛的努力，實際的經營。於是我們決定推動共同研究，舉辦展示，募集中國佛教藝術的研究獎助基金。還有，就是創辦本刊。這份刊物在佛教藝術的研究工作上，希望能發揮所演講廳的作用，供給從事研究者報告其見解與成績之用。也希望能成為一所研究室，提供研究者最新的參考資料。也希望能成為一所傳播站，隨時通報山遙地遠各方面研究工作進行的情形。也希望成為一所展示場，經常有精美的藝術品及有關的新聞攝影展出。而最希望成為一所『大茶館』不斷提供富有娛樂性的資料給讀者大眾雅俗共賞。總歸一句話說，這份雜誌是大家的，讓大家透過這份刊物來參加佛教藝術研究與發揚的，創造大家優美高雅的歷史事業。」〔註45〕

對於《佛教藝術》的創刊，有很多學人來共襄盛舉，印順長老也題字「佛藝之光」來祝賀。陳教授知道我的碩士論文《吳越佛教之發展》中，有一章談到吳越佛教的藝術與文化交流，因她的關愛，我重新整理一下就刊登在第 3 期的刊物上。〔註46〕關於此刊物的狀況，洪致美在〈覺風學苑佛教藝術研究重鎮的成立〉文中說：「佛教藝術的研究與創作在十幾年前，對國人而言是相當陌生的一個領域，只有明復法師與陳清香教授倡辦的《佛教藝術雜誌》孤軍……。」成立大會當日佛教界高僧真華法師、明復法師及如虛法師蒞會賀讚。另外《覺風季刊》成立於 81 年 12 月 15 日，主編是寬謙法師，其在第 26〈刊頭語〉中云：「本基金會一直秉承印順導師思想，致立於人間佛教的推動，另外亦希望隨緣盡分地透過文化、藝術的體認，展現圖像中深邃的佛法思想內涵，故本刊每期中均有一篇屬於佛教藝術或建築的專題文章。」〔註47〕

《覺風季刊》每期中均有一篇屬於佛教藝術或建築的專題文章，早在 74 年 1 月明復法師編輯的獅刊上，就有蹤跡可尋了，當我一口氣翻譯了不少佛教藝術與建築的文章。《佛教藝術》面臨現實問題，辦沒幾期就停了下來，慈

〔註45〕《佛教藝術》創刊號，民 75 年 5 月 16 日。
〔註46〕賴建成〈吳越佛教對文學與藝術的貢獻〉，《佛教藝術季刊》第 3 期，民 76 年 5 月 16 日，頁 110～114。
〔註47〕《覺刊季刊》第 26 期（民 88 年 4 月 1 日），頁 2。

濟上人對此曾說過一段話：「明復法師在潘（襎）居士陪同下來慈院看病，並與上人提到《佛教藝術雜誌》這本刊物於停刊三年後，正積極籌備復刊事宜。上人讚歎這是宏揚佛法的盛事，當盡心護持，唯從事文化工作者，若不登載社會不正常的消息，恐怕曲高和寡，成為無底深坑，建議訂戶最好以有心閱讀的人士為主。上人指示，在慈濟道侶與月刊以廣告方式登載佛教藝術雜誌復刊的消息，同時建議明復法師，於復刊前多寫些有關佛教藝術的文章。」〔註48〕在詹偉雄等著的《美學的經濟》一書封面提到，臺灣越來越多的人，有美學欣賞危機，這或許如那洪致美所說的社會有著「人心浮動的亂象」，或者如慈濟上人所說的「若不登載社會不正常的消息，恐怕曲高和寡。」由此更可窺知明復法師的苦心孤詣，慈心真的悲切。

（二）佛教學會

臺灣光復之後，大陸僧侶輾轉來臺弘化，當時的中國佛教會〔註49〕勢力很大，章嘉大師、白聖長老陸續接掌理事長。很多僧侶要依止在中國佛教會之下，方能發展出他弘化的願行，當時「唸佛會」蠻流行的，此外是成立佛學院，成立大專佛學講座，發揮佛教青年的力量。〔註50〕後來，星雲法師想成立佛光青年會，明復法師則規畫佛教史學會，但備受困擾。

我在松山寺受學時，明復法師說：「當時星雲法師邀我，一齊到中佛會抗爭，但我念及白老的……沒能出席。」尊師而敬畏之故，很多事就難以成行了，如印老邀其到新竹福嚴精舍辦理佛學院事。〔註51〕民國 67 年，星雲法師籌設中國佛教青年會，民國 74 年召開世界佛教青年學術會議，不僅開設叢林有成，佛法也多方傳布，信徒日眾，影響力甚鉅。〔註52〕這都是願行問題。

〔註48〕1991 年 3 月 13 日上午，善慧書苑「明復法師帶來佛教藝術雜誌復刊消息」條下。

〔註49〕關於中國佛教會，參見釋南亭〈所希望於中國佛教會者〉，《南亭和尚全集》，頁 283～285；另見釋南亭〈六年來中國佛教會之成就〉，《南亭和尚全集》，頁 286～297。悟明法師《仁恩夢存》，頁 163～164、178，說及中佛會內幕重重。

〔註50〕參見符芝瑛《傳燈──星雲大師傳》（台北：天下文化，1995 年 1 月 30 日），頁 69～70。中佛會的情形，另見李子寬《百年一夢》，印順法師條下，民 60 年出版，頁 376。

〔註51〕聖成〈與明復法師編雜誌感言〉，《禪思維與禪境的意趣》第二下篇，頁 22。

〔註52〕《傳燈──星雲大師傳》，頁 355～356。

關於明復上人籌設佛教史學會事，在 1999 年現代佛教學會通訊「學者專訪——第三屆理事長楊惠南」文中，提到：「Q11：請問成立現代佛教學會的動機？」「這個問題最熟悉的應該是藍吉富老師，因為他是最原始的發起人。另一個更原始的發起人一直沒有參加這個學會的活動，就是中研院地震研究所的一位研究員。他提起為何佛教不弄一個這樣的組織？大家也一致贊同，所以由藍吉富老師來發動，成立了這樣的一個學會。原來只是結合了一些佛教研究的學者作一些聯誼性的活動，所以宗旨原本只是讓學者可以有互相接觸、彼此交換意見的機會。當時這樣的組織還很少，因為之前有戒嚴法，之後還有人團法，人團法後來才修改。當時的規定是同性質的社團只能有一個，所以依照舊人團法是不可能成立的。我記得戒嚴時期明復法師就有意成立關於佛教歷史的一個社團，也開過幾次籌備會議，我有去參加，但是後來無疾而終，就是因為違反人團法。等到戒嚴之後，人團法也修正了，因此現代佛教學會成立。這當然是台灣第一個，也是因為戒嚴解除之後才得以成立。」

關於佛教史學會，明復法師還是念念不可或忘，他看黃運喜與我是學歷史的，所以常把籌備文稿拿出來啄磨，看起來很想把這個構想給實現開來的樣子，但因緣時節已過了。我們就此願行不用太罣念了，因大有人在實現，如現代佛教學會與臺灣佛教學會等，不乏關心、研究與嗜好佛教史的學者在熱心參與呢！

（三）佛教教育

明復法師如同道安法師，很關心僧才與年青學子的教育問題，今日思之似那同一模子，如古德說的「佛佛如印印泥」。〔註53〕一般法師或學者，一談到佛教，不免局限在信仰與學術、出世與入世、教團體制等大問題著眼，得到的結論是可預期的，如「心淨信仰可包容學位與果位」，「以出世精神做入世的事業」，僧信共容互助完成道業。〔註54〕明復法師與道安法師，與之不同，關心制度與素質問題。

明復法師常與道老談佛教教育，「問：我們的制度如何建立呢？」答：「在目前遽然就談建立制度，似乎略嫌冒昧，因為我們目標尚且未能明確的樹立

〔註53〕《五燈會元》卷十「天台山德韶國師傳」云：「佛佛道齊，宛爾高低；釋迦彌勒，如印印泥。」
〔註54〕參見〈兩岸佛教交流〉，《圓光新誌》第 43 期，民 88 年 1 月，頁 56～68。

起來。不過這個制度，至少應該具備這三種精神。」問：「何者為三？」答：
「一者要符合佛法的根本精神，雖然為了順應時節因緣，祖師們當初為了救
時而施的權變，今日時過境遷，不可不捨，但是佛法的根本精神，實不容違
棄，否則便是破見，滿可以退出佛門，不必再為佛事操心。」問：「其次呢？」
答：「其次要與世法密切融合。就世間施設所得的成就，加以充實，促起其昇
華淨化，使符合佛法的要求。」問：「還有？」答：「還有就是要尊重教育專家
的意見。現代的教育學、心理學、社會學並不完全違背佛法，只是層次的差
別而已。而且現代教育有許多精細微妙思維，對於僧俗同樣重視「一般教育
學的原理與方法」，「佛法的教育才能有效率，纔能與世法教育相輔為用。佛
法教育方始得藉世法教育的成就而更上層樓，方始符合六祖所謂：『佛法在世
間，不離世間覺。』」〔註55〕

1. 中年僧人

與明復法師遊山次，師說：「我曾與道公談到中年人出家，會把習氣帶到
佛教，但也對佛教界注入新生命力。」這如同道公所說的：「笑話，誰沒有習
氣，幼年出家的老修行，就沒有習氣嗎？一般人時常譏笑的勢力眼、鄉愿、
懶散，不是老修行人的習氣嗎？（中略）我認為中年人出家的人，其可貴處
就在於他們的世俗知識與社會經驗，甚至他們的習氣，也自有其積極的價值，
我們應該深入一層去瞭解他們。」〔註56〕我想這如日本僧人所說的，曾下車
過二十年俗世生活，再出家就可好好地度化那些層面的人們，這就是活在現
代。〔註57〕當下心即可得！但說易行卻難達到好的品位，所以當再教化一
番，好行濟化事業。

南亭法師與李子寬都很欣賞日治下佛教的特點〔註58〕，明復法師與道公
則很借重日本的佛教文化，因他山之石可以攻錯，所以他搜集了很多日本人
的作品，如《佛教學研究年報》、《駒澤大學佛教學部論集》、《大法輪》、《跳
龍》等，並購買一些日韓佛學專書如《朝鮮禪教史》、《佛教思想史》等，還有
不少藝術建築書籍。中年僧人或者是中年出家的僧人，對教界多有影響力，

〔註55〕《道安長老紀念集》，頁38～40。
〔註56〕《道安長老紀念集》〈道老談佛教教育〉，頁30～31。
〔註57〕《禪僧與癌共生》「中途下車」，頁49～54。
〔註58〕釋南亭〈台灣佛教之片段〉，《南亭和尚全集》，頁328～329。南亭法師頗在
　　　　意日本佛教文化，參見釋南亭〈一個好現象一個新希望〉，《南亭和尚全集》，
　　　　頁333～338。

所以他們兩人都很關心這個問題，也在思索一些對策。我們來看日人的思維：
「這中途下車人生期間辛酸勞苦的點點滴滴，豐富的實質融入在往後天輪老
和尚所說的法語中吧！我想其豐富的經驗，之所以能讓每天艱苦地在競爭劇
烈的社會中謀生的在家眾們的心靈深受感動，原因是老和尚所傳法開示的佛
教，正流著與我們有共同經驗的血、淚和歡樂。」〔註59〕他山之石，固然可
以攻錯，但有樣學樣如學禪僧人，不如學存獎說求個安樂法門去！我們來看
他們的談話：「問：『那麼，老法師的意思是不是我們可以採用日本制度？』
答：『無論甚麼制度的建立，都要完全符合其行始環境的各種條件，所以最好
是根生土長的。外來制度必然會引起排斥現象，造成無謂的損失，而最後還
須一改再改，方能符合環境，方能暢行無阻。（中略）你看一種制度的建立，
多麼不簡單。妄想把人家的制度搬來實施，那不是低能兒的痴想，就是打算
塞搪責任，沒有人會這麼想的！』〔註60〕他認為要想解決社會問題，「最根
本的辦法就是辦教育。」明復法師則說：「這樣說，辦教育的風險滿大啊！辦
教育的人不但要有手腕，而且還要有眼光。」道公說：「譬如說：『我們來培養
一些會作科判、能昇大座講經的法師，就可以住持佛法。試問，能昇大座，就
能掌握我們這個社會在疾速的工業化的過程中，表現在眾生心上的各種病態、
各種過失、各種煩惱嗎？法師！今天我們中國的佛教徒，應以全力協助社會
完成現代化、工業化的努力，更無其他事可作的事。（中略）真能建立起一個
安和樂利的社會，而且更進一步使之成為符合佛法的人間淨土。這就是釋迦
佛所講的藥師法門。』」明復法師問：「老法師的意思是說，在目前乃至見得
到的未來，我們住持佛法的師家，應該，走下大座，以身教代替言教。」道公
說：「不然，我是說在這個與前不同的時代裡，與前不同的社會裡，住持佛法
的人，更應該通達權變，講求善巧。你知道從前曾有師家為要利濟行人，修
一座橋，辛辛苦苦的勸化了十年，最後更有焚其身，激發大眾的喜捨心，來
共襄善事。在四川曾有過為募印藏經，比丘尼祖孫三代剮目斷臂燃頂。在現
代我們需要把這種願行，擴而充之，使它組織化、系統化，更有效的、持久的
投入社會工業化的這一劃時代的大運動中，擔負起作人天師的積極責任。」
問：「你的意思是不是有點被誤解為提倡集體自焚的可能？」道公說：「有這
些抓狹的人來故意的誤解嗎？我只是說明佛法萬古常新，而弘化之法，卻要

〔註59〕《禪僧與癌共生》，頁53。
〔註60〕《道安長老紀念集》，頁38。

順應時節因緣。在今天我們需要有大權大用、神變無方的師家來住持佛法，利濟眾生。我們目前的教育，就是要養成這種人才。所以我對一些中年出家的同道，寄以殷切的厚望。我覺得對他們施以有效的訓練，付以重大的責任，不失為救世救時之舉。」〔註61〕對於中年僧人的看法之外，如何訓練他們成人，道公說：「我有計劃，明年等玄奘寺的房子擴建好了，先辦一個訓練班，專門徵調那些中年出家的人，你要知道，這些人纔真正是今天的寶，我們都有廣大的心願，才肯在佛法式微的時候出家。同時也有足夠的社會經驗，只要有了相當的佛門知識，人人都能獨當一面，這些人不用，還有什麼人可用。我說辦個訓練班，從舉手投足訓練起，以最嚴格的方式，最快速的效率來訓練他們，舉凡佛門各種應該保存的，發揚光大的良好傳統，都教給他們，使他們在一年之中，或者一年半中間，成一個能說能講、能辦事、有修持的人才。法師，拿經懺佛事來銷磨他們有用的餘年，是種罪過！法師啊，我們不能長久這樣作。」明復法師說：「站在我們晚輩的立場說，這是老法師的大慈大悲，我們實在感激不盡，中年出家的人雖然你老人家視之為寶，一般人恐不盡然，甚而他們自己也未必自以為寶。大家總是厭惡他們習氣重，高傲，不能和合入眾……。」〔註62〕明復法師與道公的一席話，可以知道他們倆人的悲願，以及各自融攝的教育理念。師雖然籌劃過佛學院，辦理一些刊物，到處奔走教導中國佛教史，發表過不少佛教史與禪藝術理念的文章，但其一生，不願上大座講經，也不輕易收徒，是有相當緣由的。因古禪常說：「過在化主！」要有保握方可。

2. 年青佛子

近百年來佛教在一連串法難下，教徒千年來的廣大行願，今時只存「一種破碎枯萎的子孫廟經濟行態」，我執我見之觀念仍牢不可破，僧伽名存實亡，社會仍不乏名僧大德仍秉持大乘佛法的宗本，但欲振乏力〔註63〕。佛教

〔註61〕《道安長老紀念集》，頁33～35。

〔註62〕前引書，頁29～30。

〔註63〕釋悟明《仁恩夢存》，頁178云：「二月初四，章嘉大法師因胃癌已圓寂於臺大醫院，下午三時由臺大醫院運往青田街大師寓所裝龕，大師一去，佛教未來的領袖，將有一番逐鹿！不過，我相信一種授權制度，對常務理事的三頭馬車制，殊感乏味！數天後，我們山上發生一件僧與僧互毆的案子，僧與僧互毆，恐怕在居士們的眼裡算是一件新聞，偏巧僧林卻常有這一類令人沮喪的低調。」

的未來有人寄託在青年學子身上，有的說中年僧人的重要性，寺廟人才的乏是個大問題。大陸濟群法師說：「台灣佛教在發展的過程中，雖然有很多積極面，但也有些違反佛法不共世間的地方，有一些不足之處。（中略）像台灣幾座大的子孫廟，要成就度眾大事業就比較容易，但相對的在個人解脫道來說是有影響的，因為會對繁雜的寺務有所牽掛，甚至忙得沒時間生病，這是很身不由己的。」〔註64〕

　　教界真的不乏有人重視僧團組織與教育，如明復法師寫過《中國僧官制度研究》，並與韓國張慧命法師有過一段關於現代佛教寺院經濟問題的對話」〔註65〕，對於師僧，明復法師關心這一個議題：「在當前這個工業時代的社會裡，能充當個甚麼角色，而後安分守己的尅盡自己的職責，以取得社會的信重。」在〈道老談佛教教育〉文中對於道老所提出的「中年僧人養成教育訓練」，他說：「是的，是的，這是你老人的明智高見，家師也曾談過他的一番理想。他以為我們不妨一方面從速從嚴整頓現存的傳統僧伽制度，嚴飭律行，提高素質，澈底糾正各種不良的積習。另一方面推行短期出家制度，招致高級知識份子，出家三年或五年，而後退為優婆弟子。前後相續，永無斷絕，使這兩者在嚴密的配合下，重建中國佛教。」道老說：「這是一種良好的方案！令師見識、魄力，處處高人一著，像這種推陳出新的方案，不但要仰仗他來設計，尤其是需要他出來領導施行。時乎時乎，不再來，要劍及履及，即早動手。」〔註66〕這些方案，如同那開設的叢林、成立僧伽大學，陳義過高，曲高真的合寡，加上僧家的山頭主義作遂，總是難以實現的。關於這些問題，學史學的我僅能於多年後為文〈當前社會現象及佛教教育的考察〉，來加以總結，以示不忘受教誨之恩情。對於僧俗教育，方立天教授說：「如果在學術上研究佛學，有普及、有提高；而教內的法師們在實踐方面、理論方面，也做出貢獻，那麼佛教對於整個社會成果，就會比較好。」〔註67〕我想，這是關心佛教師僧教育與僧信間互動問題者的共同見解，也是佛教學者或學問僧較樂

〔註64〕《圓光新誌》第43期「兩岸佛教觀念交流」，頁57～58。
〔註65〕《獅子吼雜誌》第24卷第7期，頁39談及子孫廟時云：「在歐風美雨中，搖搖欲墜。最近乃至視為這千餘年的寺院經濟型態，是依附封建經濟的幫凶，誠然不知從何說起！」
〔註66〕《道安長老紀念集》，頁35。
〔註67〕《圓光新誌》第34期「兩岸佛教觀念交流──大陸法師學者蒞臨圓光參訪」，頁65。

意見到的。

　　明復法師與道公談及台灣的佛學院教育問題時，明復法師認為：「先以傳統的知識灌輸給學生，縱然真的採用什麼填鴨的方式，把他們教成一種學語鸚鵡。非止目前可以收到一些工具效果，等到他們年事與日俱長之後。經過一番反芻的工夫，鸚鵡豈不就變了一隻能夠負重致遠的駱駝了嗎？」道公說：「妙論，妙論！不過也需要替學生想一想，在受教育的時候，只能接受了一些定型的知識，和一些嚴格的律條，這些律條中最重要的是不得離經叛道，不得違背師說。」道公認為學人的「有反芻的餘地」與「有反雛的能力」，很是重要，所以他很重視健全的教育，強調有效率的教育，如此才有益於僧團與社會，能解決社會問題。〔註68〕明復法師認為故步自封的師僧，是一種「精神上的虛脫」，是一種嚴重的病患。所以他每回碰到我，就說當老師最容易僵化，誤了學生的法性慧命，就該打入某某層地獄，還笑呵呵地說：「聽人家說，十八層地獄之下，還有一層，為一些老師準備的！」真的聾人聽聞，嚇我！好像不喜歡我將來僅當老師就好的樣子，還是意有所指，話還沒說滿呢？！他老人家，也很欣賞日本僧人的某些制度與傳統教育作為，如道公所說的：「各地寺院都設有幼稚園，或中小學，他們在這些幼年青少年中選拔出優秀的，授以相當的佛法知識，並且在經濟上予以資助，送他到各宗大本山辦的大學去深造，同時進一步鼓勵他們參加寺院的法事，及一般交際活動（中略）畢業後，在寺院裡學習兩年，而後即取僧家的身份，願意結婚的，即可成家授室。這種制度，並非盡美盡善，不過它有一種特色，即是僧俗兩種教育吻合銜接，不致於培養出一些離開經本禪冊，就呆呆痴痴的連文盲都不如的僧家。日本人很以他們這種制度自誇自豪。」〔註69〕後來在明復老對吳枝開與潘福的教育上，可以看出這些思想的影子，他老人家也在我耳邊敲邊鼓，但我捫心自思，僅能自力更生去較為實在，也合乎我的因緣。

　　晚年，師很肯接引後進，看廖喬科喜抽象畫，就去他家瞧瞧，鼓勵他進學，並把他的畫與趙無極做個比較。師常對我說：「今生到此，沒想甚麼，只想多幫忙一些年青人。你看誰不錯，就帶他來見我。」跟師親近久了，知其願行，此事大大難矣！聽我的話，他老人家，也僅能笑呵呵以對。師每看到好

〔註68〕《道安長老紀念集》，頁31～33。

〔註69〕前引書，頁37～38。

文章，或者是有見地的論文與話題，一看到我來，我還沒能坐下來好好喝口茶，他就迫不急待的說東道西。談到戒律，他鼓勵佛子，顧及到將來的弘化事業，要多多研究法律如民法。昭慧法師說：「民國 73 年，筆者受印公導師之提攜，到福嚴佛學院任教，在印公導師的指導下，先行研讀整部《四分律》，復又受到導師的律學觀念與史學治律法之啟發，於是寫了好幾篇律學文章，投稿於《菩提樹》與《獅子吼》，竟也得到教界先進的支持與鼓勵。例如：76 年間筆者撰為長篇的〈諍事與滅諍法〉，在《獅子吼雜誌》連載之後，佛教史學先進的明復長老特別嘉勉，並索取全文。」〔註70〕師到了龔教授所云的「吃老本之年」，以及悟明長老所云「該好好修行之時」，而且身帶宿疾，仍好學深思，提攜後進，眼光炯然如炬，笑言可掬，由此可見他對佛教付出的願行，以及對佛子的悲情與關切心，有多麼的鉅大！

三、禪話與意境

記得在松山寺親近明復法師的日子裡，他老人家關心的是教界的動態，以及未來的發展。在道安法師的方丈室內，我們吃果子、品茶，話題中每每談及道安法師的行誼，還有未完成的志業。其悲願心，也是真切，我聽得出來，兩人有共同未圓成的事務。這種情境，就如同法振法師當年聽道公的話一樣，其說：「由於你老人家的開示，我對您的悲願力，又有更深一層的了解。那時候，我三天兩頭時常生病，對於生活，很覺乏味，自從聽了您老人家偌大年記，尚且正為理想抱負而生活，精神也不自覺振作起來，賤軀也從此日趨康強，任勞任怨也都能滿不在乎了。這又是您老人家的一件無形之賜，也是堪以向您老告慰的。」〔註71〕我跟法振法師不同的是，我練氣功與各種養生靜坐法多年，身體大抵是康健的，但生活卻是空虛，每覺得前途茫茫。碰到明復法師，我聽聞到前此從未接觸的佛教事物，回去後我運用史法急忙加以補牆，避免下回聽話時一句也聽不懂，更何談道問學。

進學在致知，師法古今聖賢，然後走出自己，活在當下，朗朗明光，這是許多習禪人追求的。初時我習靜練氣修密，不知佛道要密，碰到明復法師之後，他恐我誤入歧途，落入壞人殼中，因其提醒，我幡然回首，棄道就佛。多年後，我跟他老人家說：「佛法改變我的人生，感謝您老人家的再造之

〔註70〕釋昭慧《律學今詮》「善用史學研究法」文下。
〔註71〕《道安長老紀念集》「遙寄常寂光中的安公和尚」，頁 26。

恩！」他心情是高興的！在松山寺時，一般僧人看見明復法師，高峻危岸貌，禮敬而不近，惟運喜與我，能受邀進方丈吃茶閒談，大家都很開心，阿開則隨侍在側。〔註72〕在松山寺跟明復法師的那兩年，我還不懂禪話，聽聽佛教界的故事，他老人家還不斷提及有哪個事情、哪個題目可做。一回我提到蘭花，說到把蘭草搬到草山居所種植的事，他說：「古人行船，帶花同行，你今之古人乎？」並提到日人芭蕉的禪詩，後來我寫了一首小花詩，他老人家搶著要看，我覺得不登大雅，沒肯讓他瞧。再多年後，我重寫出「小花頌」，以示懷舊。〔註73〕

　　一回在松山寺閒聊，明復法師忽然說：「建成，我看你鎮日練氣功，連禪的邊的摸不到。」聽了這句話，我心裡很不服氣，回去後多天都在想這個問題，自問：「禪是甚麼？」看了明復法師常提起的鈴木大拙的書籍，也想不透！一日隨侍次，他老人家說到他胃腸疾病住院看診，醫生說無救了，請家人準備後事，那一晚他覺得世緣已盡，平心靜氣的等死，一覺醒來，身體爽快多了，醫生來見直說：「奇怪，我們研究！研究！」他就出院了。他老人家正說得津津有味，我忽然冒出一句話：「還不是氣功治好的！」他老楞了一下子，思想過後說：「氣動會妨礙禪定！」此後，我倆鬥鬥嘴的機會增多了，一碰面他常考我話題了。

　　談及性與羅漢問題次，他提舉跟白聖長老的對話來說，羅漢洩不洩精？白老說是生理問題。一晚我到霧峰次，他老見我來就說：「今晚，我們來談性的問題！」我說：「師父，這是佛門清淨地呢！」他老笑呵呵！他問我結婚事，我說不生孩子，他嚴肅得很，就說：「殺雞取卵！」說及小乘僧人：「有人練數息，觀想出兩鼻孔在呼吸間有兩道白光出入，如此境界，當為羅漢。」我答說：「小乘行人靜坐修氣，乃至能治癒自身疾病，亦有謂為羅漢者。」多年後，我明白禪與氣功，縱使在宗旨進學上容或有別，但在邊際效用上，對身

〔註72〕阿開從小失怙，由祖母帶大，到松山寺禮佛次，剛好碰到明復法師，他老人家摸摸小孩的頭，說了幾句話。老祖母以為和尚喜歡小孩，一回造訪就說：「看你很喜歡這孩子，他也可憐，就送給你當孩子！」明復老笑著對我說：「當和尚還要孩子，不是讓人奇怪乎？！」他老人家深懂教史，有大悲心啊！但他老人家說，照顧阿開還是有其他因緣呢！神奇夢境，暫且不說。南亭法師在〈如何引導清少年出家〉文中所說的，佛教徒以如父母對子女犧牲的精神去照顧窮苦家的孩子，明復法師真的如是行。

〔註73〕《禪思維與管理藝術》第二集〈禪思維——情感與真實〉，頁18。前引書〈思維古德的遺風——與諸師話禪〉，頁81。

體疾病的療效或有交會之處。〔註74〕跟明復法師說話，就如同道公所說的「不說破」，讓「學人有反芻餘地」也要「有反芻能力」，這一點要靠教育。我覺得明復法師在這方面運用的很妙，如古德，總有說不完的後頭語，所以聽他老說話要很細心，心死了兩造就無話可說了！還會誤解他老人家的大悲心呢？所以他對我說：「有人來訪，話不頭機，出去後還嘆嘆的說：『明復法師如此說！』大不滿意的樣子。」他老人家苦口婆心，看對方個性急思想躁進於「為比丘尼爭平權」，就說：「此事大不易，也不能做；真要做的，則當先多研究法律問題。」在教界，戒律與傳統，根生蒂固不易破的，如我修唐史專題，聽聞明復法師的話多時，若有所思寫了〈佛制與唐律令對佛教徒的約制力——以毀謗三寶及盜毀三寶物為例〉〔註75〕，深獲學界好評，到佛學院教書一提到此論文，出家眾爭相交詬；此外在重唸佛往生的環境之下，我一說練氣、談禪、修密，同樣受到強烈的非議與另類的眼光。但明復老大大鼓勵我：「多去說！」或許因我是道公的徒孫，當效法道公的精神，這讓我想到道公所說的：「為什麼怕說，說話畏首畏尾，都是心志怯弱，慈悲願力不真切所致。學佛，要有大丈夫氣慨，要有擔當，只要願力真切了，自然會向宏闊處發展，宏闊的願力，決不是急功近利可以速成的。」我初生之犢，真的不怕事，曾經很勇敢地去嚐試，還好不致於滿頭包，但滋味真的不好受的！

學佛教，明復法師說：「心理學是必看的。」所以就或多或少接觸到唯識的書籍，以及一些講真心自我的論禪書籍。一回在羅斯福路行腳次，明復法師忽然對我說：「許明銀居士問我：『唯識無境，誰來輪迴？』似在考我！」我不自主的說：「有我在，乃輪迴。」師默然。後來師常對我說：「古人碰到困境，到頭來總要在懸崖撒手！」我問：「那時的心情又是如何？」師說：「如喪考妣！」這讓我想起道公，為佛教常不眠不休，常坐不臥，真華、白聖以及關心他的同道勸他多休息，他總是先搖頭，然後說：「人家找到了我，有什麼辦法？！」他倆人看似都在攬人家的事務，給自己添麻煩，不作無事道人，但站在濟物利民弘化的觀點上，都是悲心真切的。

成一法師在〈道安法師的十大德行〉說道老：「為人很實在，道老生平個性爽直，說一是一，說二是二，從來不用心機，不耍手段。（中略）只要他

〔註74〕另見陳文元〈佛道的心氣行法〉，《禪思維與心氣道法》，頁25。

〔註75〕先在歷史學會舉辦的研討會發表，後刊登於《中國歷史學會史學集刊》第19期，民75年7月12日，頁135～146。

承諾過的事，一定負責到底，決不推諉，他真是一位道道地地的禪和子。」
〔註76〕雖然每個人欣賞人的觀點不同，但明復與真華法師，都認為道老真可
愛，應說就說，應行就行。明復法師說：「我們的道老真可愛！喜歡和日本人
交朋友，又要扳起面孔來教訓人家！」日本人對如法莊嚴的儀式，是很禮敬
的，所以道老跟日本人說：「今天有此勝緣，希望你們多看一看，多學一學。」
所以，明復法師常開示我說：「要看得起自己，再做到讓人瞧得起，要做到這
兩方面，要從自我教育著手了！」明復老舉似的這些話語，深深烙入我的人
生。直心是道場，真華法師說道老，「他才不管這個那個嘿！」〔註77〕他這句
話，說給明復法師聽，我也學下來了！我也覺得明復老可愛，話頭多，不小
心還聽不出來，平日笑呵呵，你精明會問話，他不是一時沉默不語，話鋒一
轉有時如道公，「扳起面孔來教訓人家」呢！？客人一走，我們當侍者的，就
沒有存獎那麼好運氣了，又要被教育一番！你說臨濟不說破慈悲，還是明復
老婆心呢？！

　　談到禪和子，雖然圓香居士說道安：「在台灣來說，只有他老可以談禪，
但從不以禪師自居，更不肯賣弄口頭禪，他老真有神通，卻絕口不談神通，
更不肯賣弄神通。」〔註78〕這是眼界問題，據明復法師對我說的，還有白老
也算半個禪師，那懂禪的會禪語的就更多了。如我與張憲生到華嚴蓮社任教，
也參加一些聚會，為學子講習禪思想課程，就被考了。成一法師問：「你喜歡
哪部經？」張君說：「金剛經！」法師說：「最喜歡哪一句？」張君說：「應無
所住而生其心！」他沒考我，因我退而教佛教史，雖然我到此開設「禪學講
座」半年，或許他看在明復老面子吧！在海明寺，代替明復老講席多年，承
悟明長老厚愛，常一起用餐。一回，他考我了，他問：「下學期你要開講甚麼？」
因我研究多年的禪宗史，正在寫博士論文《晚唐暨五代禪宗的發展》，所以我
說：「中國禪宗史！」他很直接的說：「你沒入過禪堂，教甚麼禪教史！？」在
論文審察口試時，我還被刁難地問：「你不是和尚，研究甚麼禪宗史？！」我
簡直要跳腳的說：「你也是今人，為何研究唐史？！」但我忍了下來，沉思了
一下，後來覺得對方都有理，他說的極是！但我卻不苟同！

　　悟明長老知道我親近明復法師，因我代替明復法師的教席，每回通電

〔註76〕《道安長老紀念集》，頁13。
〔註77〕釋真華〈成敗不計公算教內第一人〉，前引書，頁63。
〔註78〕圓香居士〈末世難為菩薩〉，前引書，頁247～248。

話，他會問我：「近來好嗎！」我一往如昔地說：「一樣！」修唸佛禪的他，真會考人！無疑情，話頭全消失了！一回與靈根師坐車次，師說：「建成，你師父真奇怪！每回與他同行，他直望著窗外景色，直說：『真美啊！』我感覺，還不是一樣的景物！美在哪裡啊！」這次輪到我默然很久，我的皈依師似在教我：「清淨本然，云何忽生山河大地？」師以直心是道場，實跟喜歡藝術的明復老機用大不相同。一回吃茶談話次，明復法師對阿開說：「跟草山許君學知識，跟靈根師學德行，而唯覺是老修行！」他說這句話，是要我們廣學多聞，不要侷限一隅作困獸鬥。一回忽問我：「一頭牛被綁著，如何脫困？」我說：「簡單，鬆綁繩子就好！」他笑呵呵，棒打人不著痕跡，得底人改形換眼。〔註79〕

　　一回與許君、醉月到護國寺，我與阿開談氣功去。聽說，明復老考許君：「云何說實相無相一點蓮花子？」許君說：「心經上說：『色即是空，空即是色。』」又笑問醉月，他答說：「在說舍利子！」回去草山，他們跟我談到此事，動動腦很好玩的。師後來問我：「實相無相，為何還說一點蓮花子！」我答說：「不會！」此回就不好玩了，話落在我身上，因為一聽話語，答與不答都落在村草裡！〔註80〕

　　跟著明復老談話，一問一答間，總有後頭語，直讓人落入雲霧中，一頭霧水很有趣的。一回談到禪與密，話題猶在腦門，忽然他老人家問道：「禪與淨，有何差別？」我說：「即禪即淨。」師說：「即禪即淨即密！」真的只有過來人，才有親近份。師看我修唸佛禪，後來又敲邊鼓要我去旗山修密法，我生性疏懶沒能成行，但後來總算聽話了，與許明銀居士去看紅教上師，因廣學多聞，對濟化很是重要。我習禪習靜久矣，但常有夢幻事，一回問師：「汝有夢否？」得到的答案，卻是沒夢！直笑我，「不敢再夢下去！」說：「碰到夢魔事，還好醒得過來！」我心甚疑，我想與師話禪鬥嘴慣了，他老人家不跟我談論夢事，只說禪話了！在護國寺參問，阿真（梁國真）問止觀事已，我不禁脫口就說：「師不是常說，好漢單刀直入，今日何談功動邊事？」師看我一下，就說：「關你何事！」我礙眼罷了！一日其同學王書銘上師來訪，師說我

〔註79〕參見賴建成等《藝術與生活美學》「人生多彩妝——點燃知性之光」與「心性的藝術——經營你的性靈」，台北：華立圖書，民93年3月。是書內容中很多地方舉明復法師的談話，很深具禪味。

〔註80〕另見《禪思維與管理藝術》「思維古德遺風——與諸師話禪」，頁86。

們是台北來的老友，王上師很正經的問說：「無眾生可度，又該如何？」一眾茫然，唯有明公在笑，解危地說：「小輩初學！」王老師一聽，就饒了我們，後來教我們十字明。師對我說：「此生本不欲修常壽法！」我知道這是願力所致，晚年他對我說「生如死般」，「只想多幫助一些年青人而已！」〔註81〕悲壯哉！真的，「高樹多悲風」，但盼「茁芽早昂揚」。

到阿里山冶遊次，明復法師忽指浮雲說：「建成，看啊！浮雲出岫，你作一首詩來看看！」我答說：「祇會吟古詩！」即說：「小小青松未出關，枝枝葉葉耐霜寒；今朝正好低頭看，明日參天仰面難。」師面有苦色，似在沉思甚麼，一會兒又笑呵呵狀。後來他找阿開，從搜錄的《禪門逸書》中影印一本「禪餘吟稿」給我，讓我受益非淺。不只找到詩云：「出岫無心淡復濃，每回環繞最高峰；何當一掃浮嵐淨，四面依然積翠重。」也發現禪無餘與禪有餘的話題，後來將一些觀念融入〈唐宋之際禪門行法的特質〉論文之中〔註82〕。

一回在霧峰談話次，看師孤身一人往台南佛學院教學並關心福嚴精舍開辦佛學院事，很是辛苦。我問：「要不要我幫忙？」他居然答說：「你不是出家眾！」真的，那裡多是尼眾。隔些日子，師見我即問：「還到佛學院去教學否？」我依道公的觀念作答，說：「我已體會了些許的事，雖然還會做夢，但和尚事卻非我的事。我到無佛處打地舖去，學那古德與師之精神，無佛處慢慢行，有佛處急走過。」師看我似修苦行，一日看我到來，即問：「你往日勤於靜坐，近來都做些甚麼？」我說：「把握住每一當下的機緣行去，念經、聲聞、走路、練功、閒聊，靜思，如是而已！生活再平凡不過了！」師說：「初學靜坐，以十分鐘為限，不胡思亂想就不錯了，多坐打混無益！看你能把一些行法，融入生活中，好好用功！莫自苦自抑。」〔註83〕

我依明復法師20餘年，性格由茫然，變成惺惺然更有獨立性，心闊念轉，常與師鬥鬥嘴，得其耐心呵護，熱心指正，心情隨之開朗，總算在學識上稍有見地。到護國寺，住持如虛法師每每對我說：「汝師是寶！」想必在說著一些話語：「入寶山，莫空回啊，要珍惜！」今日，還依稀回響著明復法師他

〔註81〕《禪思維與管理藝術》「思維古德遺風──與諸師話禪」，頁83。
〔註82〕參見景文技術學院主辦、現代佛教學會「宗教人文管理學術研討會」第二場，民93年5月26日。
〔註83〕《禪思維與管理藝術》第二集，頁82～83。

老人家笑呵呵的話語：「初學佛，佛在心中；學佛數月，佛在眼前；學佛多年，佛在天邊。如今，不見了！」妙哉！學明復法師扇子上題的話語，放下於此，不贅言了。

四、明復法師的佛學文叢 〔註84〕

　　明復法師於 94 年 5 月 31 日圓寂，壽 92，僧臘 35。95 年 5 月在台北大學舉辦為期兩天紀念會議。師留下來的東西，全都委由吳枝開君收藏，廖喬科則管理吳枝開的相關事宜。師的佛教人名大辭典，要組成編輯委員會，讓此心志持續下去；還有出家後的作品，要一一的整理出來，目前先整理一些讓杜先生出版，其他的分散在吳枝開、廖喬科、潘襏與我處，當中以吳枝開擁有的最多，我處最重要的是印順法師《中國禪宗史》一書師父的眉批，還有景德傳燈錄的眉批。明復法師佛學文叢，幾經波折，終於出版了！是可喜的事，師父的法滋味當可饒益眾生，更加的深廣。此書的編輯委員有釋徽定、釋寬謙、杜潔祥、吳枝開、釋寬謙、黃運喜、廖喬科、潘襏與我。書名是法師生前定的，找國寶級書畫家王壽蘐老師題字，因為對於畫事他們頗能交心。書由財團法人覺風佛教藝術文化基金會發行，這要感謝寬謙法師的義行。法師找杜潔祥編輯此書，據廖喬科說：「是要提舉他，使他的事業有新的氣象。」

　　全套書有五冊，第一冊，封面內頁明復法師的照片，是吳枝開拍照的。明復老法師風範行誼，經過多人寫稿，此文是最後定案的，被認為較接近法師的志行節操，而用詞遣字就難以盡如人意了！還有寬謙法師序，以及杜先生的出版緣起，當中關於明復法師收弟子學生事，不是外人所能道知的，明復法師一生雖說是不收出家弟子，但還是有想過要破例的，但因緣總是不如人們所意想的一樣來發生，禪寺現由尼眾住持，如虛欲話也無語。「卷一：當代佛教論叢」，收錄 20 篇文章，大抵與佛教教育與寺院發展上的一些處境有關，還有附錄「安慧三十唯識論」一篇。

　　第二冊，「卷二：中國僧官制度研究」，包括五個部份，還有附錄僧制、僧職、僧律法的鑽研。「卷三：歷代禪師詩文集解題」，包括《古今禪藻即》解題等 54 篇，都是禪門逸書上的文章。「卷四：藝林高僧傳」，包括禪月貫休禪師等 20 篇文章。「卷五：中國佛教史散論」，包括 9 篇文章，當中還談到關公、

〔註84〕《明復法師的佛學文叢》，覺風佛教藝術出版，2006 年 9 月。

中國古錢幣。第三冊,「卷六:禪與藝術」,有〈禪宗對我國繪畫之影響〉等十篇文章,當然這不包括「窗客存餘」以及獅刊上修改龍子的文章,但對照文意,可以看出法師的多易其稿的痕跡。「卷七:八大山人新話」,文分八個部份,還有附錄〈八大山人之一研究〉、〈八大山人行實與思想的探討〉兩篇。「卷八:佛教戲劇劇本五種及其他」,包括〈目連救母〉等10篇。第四冊,「卷九:石濤原濟禪師行實考」,包括序文、正文與繫年,還有附錄有〈石濤上人與其繪畫理論〉等四篇與附圖。獨漏掉洪正雄(明復法師筆名)〈當世因果親歷記〉──石濤上人一文,文云:「華岡王子廓教授,乃廣西名學者。我們相識於民國六十一年春初。那時我正撰寫明末高僧石濤元濟禪師行實考。因為當代研究濟師的學者,於其世緣每多語焉不詳,而且訛謬百出,造成不少誤解。乃欲廣覓資料,以明究竟,然幾經窮索,所得有限。一日,方厄於疑難,停筆苦思,無可奈何。忽念何不就居台廣西耆舊探詢,或許可以幸獲一點端倪。遂即蹌踉下山,借左鄰電話,與台北廣西同鄉會通談,承一老人接語,頗和善,我陳明意欲,當即允就會員名冊代查全縣同鄉以告,約十分鐘,答云:『全縣來台名流,僅一監察委員,現住榮總就醫,不便打擾。餘有季硯芳君,供職行政院,唯年事較輕,不審能言故鄉舊事否?』我聞言大喜,奔回寮房,抽筆作書,舉五事相問,並以限時掛號寄出。間日,竟得李先生覆函,自謙少小離家,難答所問,特介紹在全縣讀書時中學校長王恢子廓先生,博學多聞,當可為排難解惑。唯言:『來台二十餘年,疏於音問,僅聞王先生曾執教華岡,不知現況若何?』我讀完來信,立即恭修一函,并前舉五事,投寄華岡,本不敢略存奢望。三數日後,我在客寮與一二清信士談西方佛道。一偉岸老者不速而至,問之,答云:『我乃王子廓,承以鄙鄉先賢石濤上人下問,特來奉答。且有一奇離因緣相告。』我大喜過望,為點濃茶一顧,并坐傾談。他說:『離鄉數十年,罕與他人言及故鄉耆舊,往事如夢,淡忘殆盡。兼以早在民國二年,以幼稚學童隨父母遠去上海。直至抗戰間出任桂林行政專員,始返廣西。其間三十年客居異地,幼時見聞,早已遺忘。若使追憶,實在困難。不料接讀大札前夕,竟然夢返全縣,遍遊城內外各處勝蹟。尤以大札中所問之香林、隱靜二寺,盤桓最久,所見最多。且似有一人若嚮導者,為敘述各種故事,娓娓動聽。幼年記憶,一時湧現,既至覺後,各種幻影,猶自翻騰不已。聞為老妻說之,也復驚異不解。造至中午課罷歸來,大札已陳案上,赫然以香林、隱靜二寺為問,讀之大為震駭,不覺汗下,以為操弧者必為十地

上人，有大神通。今日幸覽芝顏，固是一般常人而已。』我大笑，撫其膝說：『老先生肯信此，乃石濤上人神通遊戲否？』」〔註85〕王師有墨寶兩幅贈予明復法師，列入我的珍藏品。第五冊，「卷十：高僧書畫款識集」，包括漸江弘仁、石谿大杲、八大傳綮、石濤原濟禪師，附篇是事蹟繫年。在明復法師晚年，就遞給杜先生部份稿件，一方面盼其事業有所轉機，該書之出版不僅在兩全其美也，還有社會教化的功能存在。

五、禪畫理論

（一）畫與禪的關係

有人喜歡看國畫，尤其是禪藝術或者是禪書畫展，就不缺席；但一談到看似西方技法的畫風，就不愛看了，是薰習使然，還是根性使之然呢？這對於畫家或者是觀賞者的心境與心靈提昇的可能性，都產生那一點點的迷思。以禪釋心，以物或名色、情境示禪，已係當今藝壇心靈風的主流，也是可喜可行的一種方式，這是人類心行上的一大突破。行人學人，要視而不見，暫捨棄他不顧，只圖一己之欲求與感官，試問可乎？！當然，不乏人說：「為何不能？」禪德會說：：「何必！」或說：「不必！」或說：「各有各的興趣！」個自行化而去，不管他人行履！乍聽有理，卻大有語病在。文化之奮進，精神的提昇，不是身為文明人文化人之所共望乎？掛在嘴邊心上豈不是已久乎？今日有幸知之聞之睹之，怎不歡起心來或鼓舞以之勵行呢？不信乎，還是不肯？君且思之，這也是一種禪之思維。

關於畫與禪的關係，清寶樹成果禪師在「畫禪偈」中說：「畫不詩禪徒畫匠，禪非詩畫不流暢；必也詩兼書畫禪，宗風今日誰唱。」古調今彈，以往明復法師都盡藏在澗底，後來借著文章以及後進的參學，一一的流露人間，會取不會取在行人自己俯仰間與眼尖者與否也。吾不會書畫，懂禪好詩文，喬科大德修密參禪有得，雅好抽象油畫，合那各自的半桶水，以會師之教化，當是不致於辜負師當年之苦口婆心託付哉！

法師謝世之後，師弟吳枝開心平以唯一皈依法師門徒自居。或有說：「長老在世時，雖無名山高足傳世，卻有一群學生不忘長老遺德，在其圓寂週年時整理出其著作。」都是大方便語也，師在世時高足輩出，各領風騷一方，唯獨些人不見耳。或說：「明復法師不收之弟子！」師在世時，有亟欲收之而使

他入禪門宏化的人員，但各有自己的因緣，勸導無效果，師遺憾否不知；還有師晚年甚想收一義子，但其人恐引發無端諍訴，為成全大局作罷也。師之會下學生門人真的多矣，難以一一辨說，各自心領神會去行化，這是師之所最期望。廖喬科大德，跟隨師心之所趨地培育後進，不吝其力，所以覺知亦多，其人也平易實在，論理清晰明白，法師與之神交甚歡，因之過往密切，師視其為可託付、可道交談心之益友兼諍友也！師一生所學深廣，見識高岸，學密、學教與淨宗頗有所得，亦獲該宗高僧大德之所肯，但還是以禪師自居，此乃法師通曉禪為佛教諸宗教之核心之緣故也，今明為之說，這也是修密學禪而領宗得意之幽閑君，諄諄囑咐於我。

　　關於法師的禪與禪畫思想，大多已出世矣。談到畫禪，師在〈畫禪與禪畫〉一文中說：「試想，一位深於觀想的行者，澄懷觀道，能使所觀，『閉目開目，皆令明瞭』，如若用筆將之繪成圖形，又有何難。古時確曾有過把 16 觀所觀之象，一一繪成壁畫的高僧……由於所繪之圖形，並非外物的寫實，只是行者的心境。所以在鑒賞者悉心觀摩時，便能以心印心，引導他進入同一心境，而分享其法喜禪悅，故而名之為禪畫。」師修過淨土 16 觀觀法，是書畫家懂畫理畫史，由是更能會通古人心要，強調禪之妙用，不限在飛天、變化圖像。其說：「不過，這種畫過於謹細時，反會喪失其禪的妙用，成為學人觀想時的阻礙。因而繪者為達成其利濟的本懷，乃即運用巧思，就其觀境中截取一部份，藉繪畫的技巧，加以適度的處理，以便利鑒賞領悟其筆先之意，畫外之妙。這樣便由禪法轉入畫道。雖然畫筆下寫的是山水，實際上卻仍然是一心中事，未出禪法範圍。師為研究石濤上人之名家，其引石濤原濟禪師的詩偈來點破此中奧妙。「吾寫此紙時，心入春江水。江花隨我開，江月隨我起。把卷坐江樓，高呼曰子美。一嘯水雲低，圖開幻神髓。」〔註86〕

　　畫禪者，心不為春江花月所轉動，心中有個主，遊戲萬變，不離禪心與禪之思維。禪之為物也，雖說難以名狀，不可以道裡計；由是閒逸之徒，掛在嘴邊或說：「佛說不可說！」古之人卻可拈花一笑，豈不是大怪異哉！既然古人可拈花一笑，那今之得禪心者，可拈之物可表之狀，當是多矣！行人愛參是參不完的，修也無窮盡處，但會心者，人人皆能。古人說：「會心，是說略懂你所說的！」真是大妙斯言。吳枝開在談到喬科的抽象禪畫，以及抽象畫與禪畫的議題時說：「不是類似的就能叫做禪畫，抽象畫只能說是接近世間禪

〔註86〕《明復法師佛學文叢》第 3 冊，頁 14。

畫。我們首先要了解什麼是禪畫，以及什麼是抽象畫。抽象畫是將事物事件片段畫出，絕不是以自身的體得體會為主。何況，就算是自身的體得體會，也並不等於禪畫。簡單而言，禪畫分為二，其一為世間禪畫，其二乃是出世間禪畫，舉凡頓悟之前所繪的景象境地，皆稱之為世間禪畫。禪僧頓悟後所逐一清楚分明，將之一一用繪畫表達出來，乃為出世間禪畫。原本禪畫專指此，但因後世常有訛化知情狀，這些我們可由石濤、八大、石谿、漸江等四僧禪畫師得知，也並不是他們的話都是禪畫，不可以混淆。」〔註87〕他這是談到禪畫的起源、禪畫的特質，以及運用禪術語的問題。但不能就此表示西方人都沒有禪心與禪的思維，還有行人用西方技法，如用油畫畫出禪境，該歸類為是禪畫還是油畫？！或許如同明復法師所說的：「是禪趣味罷了！」學人當再審細、三思其意也！

（二）禪之妙用

說禪，古人說：「此中大要審細！」或說：「說似一物即不中！」對立者說：「不說一物也不中！」說與不說雖是兩頭，証之其人在日用行持當中，似有可得之處。古人稱禪為靜慮，是一種思維修練的工夫，人人修心可會之於微妙處，或說貴在無住生心，生何心也？！然現今學人依之以融通中西文化之精義，以及藝術之心曲，發展出一種以禪釋心、以物示境的妙門，顯發在各種語言文字乃至舞蹈音樂茶道武術等層面上，從百姓日用而不自知，走上真善唯美與般若直觀結合的感覺、知覺、直覺三覺合一的心行，破除那種種無明滯障所生的顛倒迷惘，人心清明在躬，希望歷前，走出坦蕩自然活潑的行持。禪之為人所樂用、樂道者，確實有其本質上的美好而生氣盎然的真實面存在，人人皆可成佛，信其有而非虛言也，行人借禪修心淨除薰習久染，掃泯除那種種事相作意，直取那清淨活潑之本然，人人本有且能享此如如不動之清淨覺心，此非好玄理空談而虛幻顛倒迷妄者所能識之個中奧妙，我人以平等心視之，一念回機者差可。古人乃說：「不自護自己，不厭棄初學，不輕慢眾生；佛與眾生，無有差別，悟與不悟，會與不會而已。」今人自慢，佛祖不在心中，遠在天邊神桌邊，讓人頂禮朝拜耳，求其神佛光之加被，不自瞥見發光，以是神佛在天邊也無，妄上加妄，在外求禪道覓仙佛，真心自然不可得。

〔註87〕參見禪資訊站「禪學論壇」（禪畫與抽象畫的差異及其意義）。

　　談到禪畫的過去未來，明復法師強調禪宗的重要性，其在〈禪宗對我國繪畫之影響〉一文中說：「宋人標出墨戲，明人始唱畫禪。畫與禪確乎不可以分割，故禪宗興，繪道昌，禪宗萎縮而畫壇冷落。中國畫名家無不俱禪家精神，他們的作品，無不是禪境的示現。畫與禪確乎是不可分的，畫即是禪，它們有共同的質地。」〔註88〕明復法師強調「禪無餘」，禪之人哪是閒暇之時書畫，其說禪餘，是附和俗話的客套語，世人不知說它是禪餘邊事。如吳枝開君說：「實無禪畫，嚴格的說，禪師頓悟體得後的畫作，方堪稱作禪畫。」如是眼高手就低了，祖師修心，說連禪也無，此教法也，教學法則不然，千變萬化也。「心是活技兒，意是巧匠工」，善於禪行者，其貴在「匠心獨運」，而不滯礙也！明復法師一生強調：「依他起性！」因緣所生法雖說是空，自性不空，行人由是接引各種根器的學人依次進學，以心傳心，以心印心，如斯則美矣！明復法師說：「因而欣賞畫，也無異於參禪。沒有禪的工夫，縱對名畫，也沒法賞識，沒法了解。目前，中國畫不但缺乏名畫家，也缺乏欣賞家。」〔註89〕被明復法師誇稱畫作有石谿之風的王壽蘐老師，都有感到現代台灣人不懂中國傳統的繪畫，西方人很欣賞中國畫，但缺乏生態環境以及對中國文化的熟識度，她說：「我勤於到大陸去辦書畫展，是因為那邊有人還懂得這些傳統的東西，還有會欣賞之緣故！」明復法師卻說得較嚴肅，其云：「現代的中國人，實在不懂中國畫，正如不懂中國佛教一樣。我們可斷言，中國佛教，尤其是禪宗不能重振旗鼓，中國畫是難得復興的。」〔註90〕同那周慶華君在《後佛學》緒論「後佛學的幾個研究方向」文中說的，不看好俗化的人間佛教，因「終究不夠相應佛教的勝義解脫」。

　　師之會下，門風嚴謹，強調正知見，所以諸人到明復法師處參問，都會獲得一些真實語，但看行人會心否。師強調教育的重要性，要出世行化，要當個經師，也要當好人師。如同書畫事，藝品重要，人品則至上矣。師跟吳枝開所說的，是還沒能教育好自己之前，先要謙虛向學，學諸行人的好處，學諸方大德的德性，而不僅看其您所不認同的不是處。師一生點撥之人，多矣，如今在教內學界都已漸嶄露頭角，未來都是龍子，各領一方風騷，由是難免有諍論議題，彼此交換心得也是大有好處。古人說：「學出於師減師半德，學

〔註88〕《明復法師佛學文叢》第3冊，頁9。
〔註89〕同前註。
〔註90〕同前註。

過於師方堪傳授。」諸人體得的，各有其直觀處妙境，難以說非說是。總之，人之禪心，俱主一切，萬德萬能，是一種心境上趨進之行門，不偏銓釋慧解，其妙處在絕百非泯千是，但善巧者卻可任運含攝，用諸妙法，引發眾生根性向善境趨進而去。

（三）以禪釋心

今有喬科君，以禪釋心，以抽象油畫示境，接引觀賞畫者瞥見本心自性，融通東西文化心義之精髓，捨我其誰，其心意深宏矣！古德參禪，或說無始無明、俱生無明，君以為此乃：「繞舌語也，把眾生成佛的信心又壓抑下去也！」一念回心，人人皆可成佛，如明復法師說的：「君不見乎？晚唐宋初燈錄所載諸禪師，個個是佛！」好修心道禪者，當更加有此信心，後人不忘古德遺風與流芳，莫若如修淨土者，逢人便問：「今生能帶業往生否？」或如一些不了解禪淨密問題者，人問：「是禪屬於密，還是密屬於禪？」還要法王回答說：「我們認為密乘，是從禪定修持的嚴密發展而成。」〔註91〕喬科說：「禪對學佛者來說，是一大秘密！」靈山會上，迦葉破顏拈花一笑，是一大公案，但從達摩西來東土，數傳至六祖慧能，禪心已是普傳，不是秘密矣，行人會與不會、行與不行、肯與不肯耳。君深入密、禪行門有得，一日吾拿諾那普傳真言集等與東密五智山聖如意輪修持儀軌給他瞧瞧，他說：「這些行門，如同華藏惠敏系，已漸捨藏密事作行瑜伽，而強調以禪之無上瑜伽為基礎，來修持密法。」捨繁入簡，直趨佛之妙道，當是現代人學佛之最最方便與最捷徑也。法尚非法，何況非法，學佛者當知歷代諸佛、祖師之門路與宗旨為要，才不枉屈此生。平時吾人皆好稱是學佛人，如是當體撕省察於：「安住大乘心，善開方便門。」禪門是守清心戒體，所以喬科大德破斥心平，要稱師之門徒，「不清心，諸善功德，不得昇起！」何況論禪釋心，都是空話一場，白拈七也。而心平則非其「抽象禪畫」，是抽象畫何禪之有也！師弟論戰，你來我往，比師在生之年有趣多了！至於禪、淨、密有何差別，明復法師會下曾討論過此話頭，師說：「即禪即淨即密！」直顯各宗心要，如某大師所說的：「禪，是佛教諸宗派的核心！」如是禪與心合在一塊以說，是眾生之本有，西方人豈都不會禪心？！東方人豈都不可以用西方技法，如抽象畫來示禪、釋禪乎？或人問大師：「何謂抽象畫？」大師答說：「在我心中，畫是具象的；

〔註91〕聖嚴法師、達賴喇嘛〈心的對話〉，頁89～90。

在你們的眼中，畫是抽象的。」畫加上一個禪字，亦復如是。畫是思維後畫下來的，說是抽象畫可，再美其名說是禪，實是畫蛇添足了，通俗地認之亦可，但在別人眼中還是抽象畫。有心者，試想一想這些話頭。法法平等，雖然橫說豎說可通，但莫使方便趨於下流、落入低俗。

六、結論

　　明復法師有其勇於承擔的一面，如病魔來襲以及教化學子等，識得來時路的行者〔註92〕是豁達的，其禪行是無餘的。記得師弟赴日求學，念及盤纏問題，黃運喜君說：「那沒你的事！」今日思之，很有見地，和尚有佛事要做，有願行要去圓成，俗人我只先關心好自家的俗事，時或出力護持佛法；如是「個個皆人模人樣」，教團自然和合，何事不難成辦。關於青少年學子，明復法師是關照不少位，不大計較其人出家與否，如同南亭法師所思考的，一切隨人的機緣而定。

　　談到明復法師，黃運喜在〈閒話平生〉一文中說：「在研究期間（民73），因厚觀法師的介紹，有幸認識佛教史前輩明復老法師。承蒙法師的慈悲，邀請我與同學賴建成君共同編輯《獅子吼》月刊，並進住佛教名剎松山寺。白天，我們幫老法師整理近現代佛教史料，因老法師在撰寫《白公上人光壽錄》後，有意將所搜集之史料彙編，整理成為《中國近現代佛教史料彙編》，並預計出10輯，每輯冊數則視資料多寡而定。每月抽出一些時間編輯《獅子吼》月刊，晚上則聆聽老法師開示。從佛教史、佛教藝術、禪學、佛門人物到法師自述生平與治學，無所不談。我們除洗耳恭聽之外，也不忘儘量挖寶，找一些問題向法師請益。在前後3個月的朝夕相隨，與數年的親近中，確實培養出治佛教史的格局與氣勢，這是從別的地方學不來的。」〔註93〕明復法師的願行，由〈與道老談佛教教育〉一文，可以看出，不管在藝術、教史，或者是接引後學上，悲心是真切的。由白聖長老的《中國佛教月刊》〔註94〕到辦理《獅子吼》刊物，分化出《佛學譯粹》與《佛教藝術》，找專人護持，惜開頭

〔註92〕釋明復〈識得來時路──中國古人的生活禪趣〉，《國文天地》第7卷第2期（嘉祥圖書有限公司，民74年6月），頁21～24。

〔註93〕《風城法音》電子報第64期，2003年9月16日。

〔註94〕釋白聖〈為本刊革新號說幾句話〉，《白公上人光壽錄》，頁810～812。其刊物要從佛教、佛學，擴大到哲學、文學與藝術方面。從其篇幅與內容及作用來看，跟《獅子吼月刊》是一貫的。

艱辛，承繼更難！其成效，如同法振法師在〈遙寄常寂光中的安公和尚〉一文中向道公述說的：「你，時刻以獎掖後進、振興佛教弘法利生為懷（中略），推進國際佛教關係，雖然遭遇了重重的魔難，到底植下了無數的菩提根苗，並且都不斷的成長茁壯。」〔註95〕道公與明復法師間，是亦師亦友的關係，如「道公真影詩」所贊曰：「智晶徹而誼卓越兮，誠法王之嫡胤；燭言幽而輝窅冥兮，彰前脩之懿方。言為崇峻以千仞兮，胡伶韻而獨逝；豈曦之浴乎咸池兮，行史耀其景光。丁巳年後學圓山明復拜撰。」一回，與明復法師到松山寺大殿旁開山堂裡，靈根師跟我說：「建成，這是你師公的畫像！」道公與明復老，皆是為佛法忘軀者，所辦的事業或有不成，其精神是一致的，維護佛教傳統與師說，力求佛教能走入工業化的社會裡行化，濟物利生；教導僧人為人天的表率，並培養青年學子，期使僧信兩種教育啣接得宜，佛法世法兼顧，行化更利。在禪教方面，明復法師說：「道公是懂禪的，其才華奔放，惜來台後受限於臺灣佛教的生態環境，所以不能大有表現。」他倆惺惺相惜，常各紓己見，希望有生之年得以落實，惜好事總是多磨，魔難一直考驗著他們倆人的真誠！貢噶老人在道公的敬輓上寫著：「深院落藤花，石不點頭龍不語；殘經凋貝葉，香無幾飛篆罄無聲。」〔註96〕他們一生留下不少文字禪，直讓後人看取憑思。我從年少以來，粗學多聞，此心常虛妄落寞，遇明復法師之後，「由虛心聽學故，覓得一些真消息。」今為之作贊曰：「調與時人背，虛心尋消息；唯將靜者論，盡藏在澗底。」我每回見到法師，常見的是他一如往昔的「精神炯然」、「眼光如炬」，說話常伴著呵呵的笑，時帶嚴肅狀，偶是默然狀！總之，從《獅子吼月刊》到禪話層面，在在顯示明復法師從「師家下座」，走上「身教言教」之路，他與道安法師皆秉持佛事是「守清淨戒師家」的志業，所以該成辦的事，就會奮不顧身的去實現，但旁人總說：「到了該修養生息之年了，怎不罷歇？！」師放下於此，此生禪已無餘。

〔註95〕《道安長老紀念集》，頁 27。
〔註96〕前引書，頁 297。

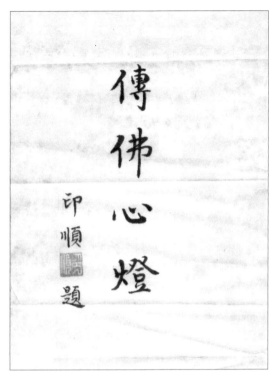

圖 6-1：印順法師墨寶

圖 6-2：法師與如虛

圖 6-3：印順法師題字

圖 6-4：獅子吼月刊封面

圖 6-5：法師會下學人

圖 6-6：法師與密宗

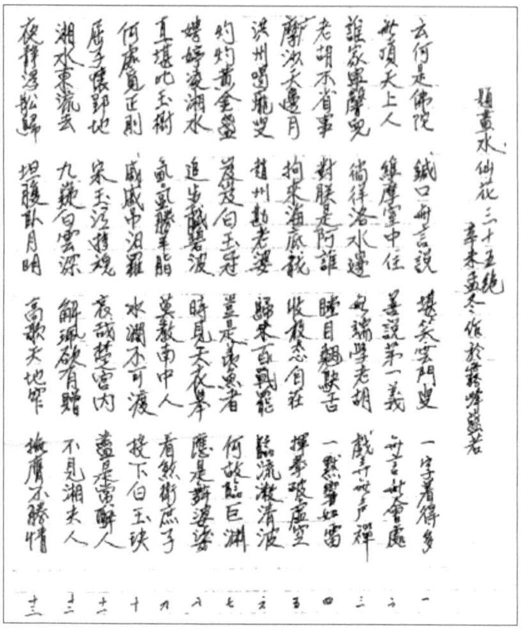

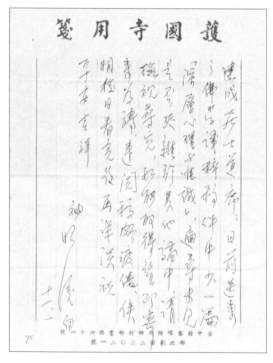

圖 6-7：題水仙花禪詩

圖 6-8：法師致作者信扎

圖 6-9：為明復法師賀壽

圖 6-10：獅刊聘書

圖 6-11：法師所贈的缽

圖 6-12：參加研討會

左起明復法師、傳道法師、慈惠法師

圖 6-13：法師鑑定過的錢幣

圖 6-14：判官圖──吳開枝仿法師臉形而作

圖 6-15：法師與會眾

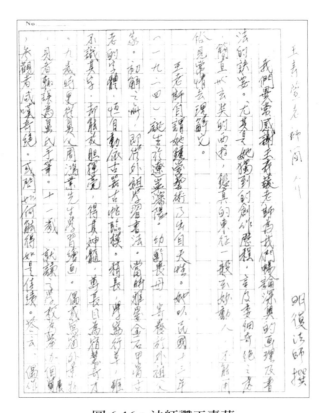

圖 6-16：法師讚王壽蔎

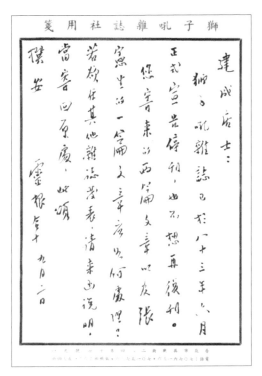

圖 6-17：獅子吼停刊

圖 6-18：紀念明復法師

圖 6-19：道安與明復法師

第七章　結論——傳統與現代化

　　我在大專院校教書有 30 多個年頭，前 15 年主要是擔任中國通史與中國現代史課程，各朝代的專史與史學史、史學方法也都教過。之後李登輝時代來臨了，政府推展務實外交，課程也改變了，成了台灣史與中華民國憲法之類的，從中國到台灣術語的轉變，期間大有歷史可談的。〔註1〕當我教中國史時，第一堂課要開宗明義地強調為何要上中國史，因為身為中國人要懂中國事，歷史事件不會因為你不關心而對我們沒有影響力或沒有意義！教到台灣史，則說先說課程改變的歷史，再說因為身為台灣人要懂台灣事，現代人要懂現代事。教師真的難為，研究者尚好。中國學人李映輝在談到「研究唐代佛教地理的意義」時說：「現代學術界已經形成共識：研究中國歷史，尤其是中國文化史，就不能不研究佛教，否則，就寫不出真正的中國文化史、中國哲學史甚至中國歷史。」〔註2〕我想這個問題，在目前的台灣也是一樣，「要研究台灣歷史，尤其是台灣文化史，就不能不研究宗教，尤其是民間信仰與佛教，否則，就寫不出真正的台灣文化史甚至台灣歷史來。」專長於晚唐禪宗史的我，憑著多年來的佛道儒經歷、見聞以及博采群書，就寫起《台灣民間信仰、神壇與佛教發展之省思——台灣宗教信仰的特質》一書，充當升等教授的主要著作。這麼多年來，除了明復法師的啟發之外，要感謝張憲生與吳世英提供我很多宗教書籍與論文，讓我能夠更廣泛、多元性地去省思台灣光復以來的宗教問題。

〔註1〕關於歷史課程的改變，參見中國文化大學史學系所主編《全國大專院校中國歷史教學研討會紀錄》，民82年8月。
〔註2〕李映輝《唐代佛教地理研究》（湖南大學出版社，2004年4月），頁2。

　　政府播遷來台之時，台灣的民間信仰與齋教、日治下的佛教習性，還深深地影響到佛教的發展，這些現象可由巨贊法師的〈台灣行腳記〉〔註3〕，以及白聖法師〈東台灣半月弘法記〉〔註4〕中，得以窺知一二。〔註5〕當時的佛教，雖不乏名山高僧如廣欽老和尚以及精勤修持的尼眾〔註6〕，但因缺乏經教的宣講，後來佛教的發展主要是停留在淨土唸佛、精進禪七與道場經懺事業、通俗佛教故事之上，這由李炳南居士與煮雲法師的行化，以及悟明長老的傳記中得以見到。而隨著白聖、道安、南亭、印順諸山長老的宏化，台灣佛教在戒壇禮儀、社團發展，還有教理的詮釋上，有著長足的進展。這一時期的佛教，開證法師在〈白公與台灣佛教〉文中說：「自從中日戰爭第二次世界大戰結束，台灣即脫離了日據時代的日本人對台屬民政策，愚民教育統治，而還歸祖國，踏上了另一個天地，開始過著不同時代的生涯，隨著而來了一批一批的大陸高僧，使台灣佛教又開創了新的天地，邁向了重興之途。當時來台的大陸高僧約有三大系：以智光和尚、南亭、東初長老為一大系，俗稱江蘇派。現在的成一、星雲、聖嚴、了中、妙然諸大法師等，為這一系統中的最傑出者，並且人才濟濟，所以名氣最大，做事也最成功，特別是佛光山的馬名天下，和花蓮慈濟功德會同為今日中國佛教兩大勢力主流。這一系統為帶動佛教的先鋒，目前法鼓山的聖嚴大法師也已開始大振宗風了。二、印順導師系：人家稱其為學派，門下最聞名的有：續明、仁俊、演培、真華、印海、超定、如悟法師等，是一門書香，盡是弘法海內外的健將，學派子孫大多數重於教育以及學術的探討。印順導師學養甚深，其一生致力佛學之研討，主編太虛大師全集，阿含經之重新修編，妙雲集之巨著皆聞名海內外，所著《「中國佛教禪宗史》一書，破邪顯正，建立了中國佛教禪宗思想之健全，而感動了日本大學贈與博士學位，以表崇敬。更顯耀了中國佛教僧團有德學崇高之地位。三、白聖大師系：教門中稱之為海派，因白公住過上靜安寺，故得其名。白公特別關心台灣佛教的重興，而專心於傳戒度事，傳戒幾十次，所度

〔註3〕黃夏年主編《巨贊集》(北京：中國社會科學出版社，1995年12月)，頁450～460。

〔註4〕《白公上人光壽錄》「民國42年」，頁281～300。

〔註5〕民國43年悟明法師到南部巡迴佈教工作，他在《仁恩夢存書中》，頁151僅說：「一個以出家當飯碗的人，是不配髮為僧的。」

〔註6〕釋悟明《仁恩夢存》「民國43年12月6日」，頁148云：「上午十點由高雄抵屏東，在東山寺見住持圓融法師及監院天乙法師。東山寺為一尼眾模範寺院，作風良好。」

戒子充滿大地，台灣地區的佛教也因此而速成──僧多寺的現況，蔚成僧團的一股大力量。白公除了傳戒之外，也創辦了台灣佛教律學研究院，專以弘揚律學及楞嚴經為主科，還有三藏學院，戒光學院、中國佛教研究所，致力佛教教育事業，故其四眾弟子為數難量，是創造今日佛教邁向新時代最大原動力之一，這個力量可說是白公的整體化身，可惜俗眼不容易看出真面目。白聖大師平常人家稱他為白公、白老。白公擔任中國佛教會會長有幾十年的歷史，其為教之辛勞可知，然因時間過久，當然亦難免有長短之議。白公門下最傑出的人才，首推淨心大法師，淨師在白老門下可說是一枝獨秀！尼眾界即有天乙先聞名，惜早絕世緣。晚近才有名的可算：明虛、明偉、明迦；還有一位是在美國修博士班快要畢業的明耀法師。得意的入室弟子（法子）如明乘、達能、今能、心田、法智、圓宗為數不少，盡是眾所知悉的導教團的中堅。白公法於圓瑛和尚，與明暘和尚是同參同學，法兄弟，擅長楞嚴講學。白公與慈航大師亦是法兄弟，更是如兄如弟的好同參，慈老亦是台灣佛教的一大功臣。為台灣光復後創辦佛教教育的第一人。」〔註7〕大陸僧人來台，對於台灣僧尼素質、神佛混淆、仙鬼流行的現象，頗多留意並呼籲改革，尤其是傳戒的問題〔註8〕，當時佛教界還是以僧人為重，對於僧俗〔註9〕、僧尼地位問題，還是區分得很清楚。由傳戒得知台灣的佛教徒，不論是僧尼或是在家居士，逐年在增長。千佛大戒上，比丘尼眾多的現象也受到關注〔註10〕，和尚的人數卻越來越少〔註11〕，為了弘法與戒德問題，引發了佛制改革的爭論，

〔註7〕《白聖長老圓寂三週年紀念論文集》（能仁家商董事會，民81年3月），頁29～30。

〔註8〕當時佛教界重視傳戒，對於民國45年悟明長老在凌雲寺傳戒深表讚歎，其事見《中國佛教月刊》第6月號與釋悟明《仁恩夢存》「千佛大戒」，頁166～173。至於中國佛會對於戒律的改革，參見釋白聖〈從大陸參加戒期說到十普寺二度傳戒〉，《白公上人光壽》「民國48年」，頁362～369。

〔註9〕《白公上人光壽》「民國53年」，頁484引釋明濬〈大悲懺主的感應〉文中提到來台大法師不大關心本省的出家同道與用功修行問題，且說：「同時再看台灣過去五十年受到日本統制下「不僧不俗」的佛教，實在有改進的必要。」

〔註10〕民國48年十普寺據舉行的千佛大戒上，已發覺到比丘尼眾多的現象，《白公上人光壽》「民國48年」，頁361引律航法師〈紀要〉一文。

〔註11〕《白公上人光壽》「民國66年」，頁796引釋道源〈不是無人出家而是師資問題〉文中說：「今日台灣的佛教，大廟到處是，但真正出家人主持的不多，甚至有規模很大而只住一、二出家人的，問題是出家人漸漸少了。以台灣來講，還不至於如此嚴重，在還外不但男眾出家人少，女眾出家的近來也不多了。

談論的即是敏感的「和尚可結婚與否」的問題。〔註12〕明復法師說：「中國既然有了居士林，不須增加大眾派和尚，以免混淆不清，妨礙正法。」〔註13〕

在六、七十年代，隨著教育普及，居士佛教興起，各種派別的宗師輩出，加上檀信的不吝布施，佛教蔚之勃興，在佛教與社會的接觸更加劇烈之下，引發出各種問題。但這些問題，不全然是由佛教產生的，而是部份原本就存在的社會問題，如佛教與民間信仰以及神壇、通靈問題，一貫道合法化後與佛教教團競爭白熱化，還有出家與在家信仰問題，以及捐獻與身心靈醫療問題，其間最具有關鍵性的還是政府對宗教的態度與台灣的傳統文化問題。

在各種問題的糾結下，佛教要發展勢必要有指標，佛教界長老如星雲、聖嚴法師都強調「正信」的重要性。在往後的歲月裡，「正信」與「人間佛教」，似乎成了教界的禪話頭，引導許多學人參學的進路。星雲法師認為，雖然教界問題仍多，但「非佛不作」，其亦強調他不好談命理、風水、感應之類的問題。〔註14〕聖嚴法師說：「學佛修行，如果一直停留在特定的感應與靈異階段，那便是落入了民間信仰的層次，這與嚮往佛菩薩的悲智圓滿，從而向佛菩薩學習悲智的人生，兩者是不同的。」〔註15〕

要研究中國的文化，必然要研究佛教與民俗，那是佛教進入中國之後被國人所容受，佛教中國化了，進而影響到中國人的政經文化以及社會生活。研究台灣史亦然，不能忽略到宗教與民間信仰對台灣文化的影響力。明復法師說：「不論何時何地，最原始的宗教皆可能與極高級的宗教併行無阻。這種低層次的宗教在高度文明社會中，縱使不被人用為犯罪的工具，其信仰在心理上也是有百害無一利的，但又不是僅憑道義的責難或刑罰的懲戒所能有效遏止的。唯一的解決辦法，是以高極的宗教理論與修持，啟迪其正當的信仰，促使其情操的昇華。」〔註16〕台灣很多人，要申請宗教派別與學會時，才知道自己的想法，與傳統跟政府的認知有別，這些人雖固執己見，但不得不依

因此有提倡『短期出家』的，甚或提出『和尚生活正常化』的，造成了病急亂投藥、亂吃藥的怪現象。」
〔註12〕《白公上人光壽》「民國 66 年」，頁 773～798。
〔註13〕《白公上人光壽》「民國 66 年」，頁 792。
〔註14〕《星雲大師傳》，頁 292。
〔註15〕《法鼓雜誌》「耕心成長」5，2003 年 4 月 1 日（可靠的修行方法）。
〔註16〕《明復法師佛學文叢》第一冊（宗教禮俗業務作法的研討）（覺風藝術文化，2006 年 9 月），頁 61。

世法而行。以法輪功為例，其欲申請為宗教，但宗教的教主皆為古人，所以僅能稱氣功學會，在台灣目前尚不成氣候。台灣的一貫道門人，吸收顯教、密法，改頭換面，宣稱為佛教的某一流派，或成立某一種佛教學會，但行持有異於佛教徒，如看風水、算命、除煞等情事；或改無生、無極之名，以自然功法或仙道氣學者；或學氣術，接靈氣度生，但行止不似仙道中人。又有靠法術，營合民間信仰，而說己是仙道；在三峽有無極山莊，主人的行止非佛非道，但政客盈門，似也有其所謂的玄機與妙招。在台灣宗教的生態，相當的繁複，甚至還有依靈鬼感通而為人治病、斷事的囝仔仙與仙姑之流。又有因觀音靈感，而從俗去相信那感通，而逢人就說神通；或有人感通，人或稱其仙姑，而蓋宮廟者。有某教授棄一貫道門入諸佛門修學，後一心於慈濟志業，一聽聞是說，乃云：「此類大抵鬼通，世人不覺而妄說他心通、神足通、天眼通。」台灣的乩童、靈乩與鸞堂，看起來類似，然不脫離民間信仰與儒教文化的勸善倫理與道德，因為流行於社會，透過媒體的張揚，有的人自稱起靈師或靈學專家來，別人尊稱他們為老師，所以東湖太子爺的乩身說：「我最高只能到老師！」其道理在此，有別於煉丹道修仙術通往無極的人。

　　台灣的宮廟，又不時吸收大陸流傳來台的道門氣學，而自立新的門戶，走向新興宗教的路數去了。在台灣的一些宗教或氣術流派，有些還真的直讓中國關心宗教發展的人士所矚目，如宋七力的顯相館與登記為氣功門派的法輪功。〔註17〕還有一些學算命、通靈人士，年記輕輕的就籌組道場、建宮廟、收徒弟，誦經常招惹鬼魂來聽聞，甚至有同修中邪，民間道派怪事多，沒能像武家、養身家的道門有著嚴謹的門規。據學者專家研究，因受傳統宗教的衝擊，「目前台灣的靈乩逐漸有著追求聖乩的趨勢，認為聖乩境界是高於靈乩，強調不是被神附身的乩，而是經由內在生命修持達到人神合體的乩。」這種現象，「反映出民間靈感文化新的集體性的趨勢，綜合了傳統社會深層的原型結構，雖然保留或創新大量的靈感神話，同時也注入了理性的人文關懷，肯定生命主體性的存有價值。」〔註18〕目前內政部集合國內學者專家，已出

〔註17〕葉小文在〈我們對海峽兩岸宗教交往持積極支持態度〉文中（《把中國宗教的真實情況告訴美國人民》，頁 244）說：「我對台灣政府在宗教事務上的一些管理作法也比較有興趣，比如對邪教宋七力案件的處理，我們就比較關注。」（北京：宗教文化出版社，1999 年 3 月）

〔註18〕鄭志明，〈台灣靈乩的宗教型態〉，大元書局《宗教與民俗醫療學報》，頁 27～28。

一本《民間信仰與神壇篇》與一本《新興宗教篇》足供參考。

至於仙道，還在台灣社會流傳。有云：「普傳北派，保留南宗，古聖先賢，莫不如是。」〔註19〕南宗內丹術，大抵由太極、形意祖師們代代傳布於國術團體之中，早年中南部與警界學者多矣，吾曾學形意於草山，第14代傳人。北宗龍門功法，由新店王正志大師宏揚，其與道友李述忠博士合著《龍門丹鍵》，現有賴賢宗博士在積極指導後進修學，其功法有治病效能。而道教的形成，是仙、道、術匯合的宗教，三種有別，但時或感覺可有互通之處，但不可混為一談。台灣的道教，多屬於龍虎山天師府，廟宇有10多座。〔註20〕在民間信仰上，王爺廟最多，依飛雲山人所云的有894所，佔台灣寺廟的9分之1。〔註21〕王爺有132姓，以朱、池、李三姓王爺最多。

自從台灣與大陸開放探親以來，宗教交流頻繁，國人引入各式各樣的養生功法，張三豐第9代傳人張家森兩次（91與93年）來台。內丹術，傳男不傳女，女的雖研習武當功夫，至老不知丹術心法口訣，而其「食穀辟穀法」能瘦身，最受台灣人歡迎。〔註22〕其來台教學，中華道教玄天上帝弘道協會且為其出版一本書，名為《仙道太極內丹術秘笈》（2004年4月30日宜蘭冬山鄉）。而台灣氣學、道門的書籍，其種類也逐年增多；由於中國道教的根在大陸，所以台灣的信道人士頗多到大陸祖庭去接受放戒或受籙的〔註23〕，也購回不少道教器材與服飾。

在台灣一年到底，都不乏神明誕辰，此種歲時習俗與宗教信仰的活動，與整個社群生活有密切關聯。〔註24〕在台灣歸屬於道教的寺廟中，都有籤筒和杯筊，供信士們作祈禱之用。台灣的寺院，配合著現代化與資訊化，而走上節慶民俗化、廟會觀光化，推展出各項讓人留連忘還的休閒活動，如燈會與賞月活動。依台灣內政部所載，立案宗教的團體有25，當中不乏與道術有關，至於與道教、養生有關的協會與學會，則更多矣。〔註25〕

面對這些林林總總的信仰，一發生弊案，有人會怪罪宗教，而江燦騰對

〔註19〕《仙道靜坐經》「仙道源流」，頁10。

〔註20〕王世禎《道家符咒請神求財秘典》「六、天師求財符」，頁57。

〔註21〕王世禎《台灣王爺神力秘典》，頁9。

〔註22〕〈張家森：內丹術講心法有口訣〉文，《中國時報》「兩岸三地新聞」A13，民93年5月8日。

〔註23〕劉仲宇《道教法術》（上海文化出版社，2002年1月），頁477。

〔註24〕王世禎《敬神如神在》「六全年神誕辰譜」，頁57。

〔註25〕《宗教簡介》，民92年12月。

於這個現象，其很中肯地說：「他們（宋七力、妙天等）的共通點，是把打坐、呼吸等神化、演變出打坐、通靈、真氣、超宇宙等神話。若對醫學有所了解，會知道這套行為模式，其實是一種自我暗示，就像心靈創傷客可以自我治療，信徒被洗腦後，相信自己病好了、功課變好！許多大學生、知識份子注重衛生、醫療知識，當然也會像市井小民一樣被騙。」〔註26〕一再發生的宗教案件，不僅透露出「社會歪風」，社會應該反省。但事情還是一再發生，如同明復法師說的，古往今來所謂的正信、邪信是併行的，這還是教育與人心的課題。對此，宗教界人士早就發出一些同意聲明，說：「有關信仰的部份，是不適合用法律去約束與規範，而要靠宗教團體本身的自律。」〔註27〕

　　此外，在全球性資本主義浪潮下，社會風氣的商業化與觀光化也影響到宗教界，盧俊義牧師說：「我們看到到處都是戴念珠的人，出入黑道、酒家的人都戴；而十字架也一樣，由胸前改到耳上。這種商業化，已經影響到宗教的本質。」〔註28〕2006 年 10 月 15 日，我偕吳世英等到旗山五智山光明王寺去巡禮，獲知此東密道場同樣面臨到是「一心走上修持之路」還是「開放部份觀光」的抉擇，這要看徹定管長的決心了。至於佛教，佛學蘊涵一切世出入世之學，此已是全球各國從事佛學研究者之認識、之所趨。由於佛教非佛學，印順導師在其著作中已一再詳明，所以佛教研究者應有一些相當的涵養，以期能深入法義，解行並進，這些問題已有很多學者專家在探討，如昭慧法師與蔡耀明博士。在研究上，以哲學與社會學角度來研究佛學與佛教現象，還普遍存在於學界，如林本炫、瞿海源、楊惠南、賴賢宗與周慶華、鄭志明等教授的作品。

　　就教界而言，存在著總總傳統上的問題，如政教關係、宗教法人法、佛教教育，以及面對新世代衝擊在發展上以及濟化活動上的革新問題。與藝文、田園結合，來推展教化，是當前台灣教界新趨勢，甚至於在法會上有著更創新與聳人聽聞的舉動，如結合園藝與選美活動，是中台禪寺的創舉，但部份活動卻引發爭議，因國人認為寺院不適合過於俗化。佛教事業變得千頭萬緒，行人要審細觀察、體驗與反省處境及其進路。隨著社會變遷，都市雖然林立，然而台灣的宗教問題，還是跟台灣人的生活習性、民俗信仰，以及

〔註26〕《中國時報》，陳碧雲報導，民 87 年 5 月 13 日。
〔註27〕〈化解宗教與世俗對立〉，《中國時報》「社會脈動」7，民 85 年 9 月 16 日。
〔註28〕張春華〈以出世心情入世、宗教問題攤開談〉文。

政經活動，綁在一塊，這當然會影響到她的生態與僧團的部份發展。如台灣民眾，拜物質豐厚之賜，在生存生活上為了尋找新的活路與契機，很多人走上朝香團、會靈山、跑神壇，或勤找命理、風水、通靈師來解運的行徑，而佛教顯密信徒的隨緣皈依與灌頂、禮拜的活動，也是很活絡熾盛的，這顯現出許多民眾心靈的空虛與欲求之盛，這如同尊者說的是依法行不夠實在造成的。一些庶民，因此失卻了原本循規蹈矩的日常生活，而成為社會問題。這些現象很值得政府、企業家與學界、公益團體的注目，由是心靈環保活動與宗教博物館因應而生，宗教與各層面的文化更緊密的聯結，以推展其濟化活動，這是可喜現象。環境污染與破壞，是近年來國人至為關切的問題〔註29〕，零廢棄、社區的文化發展與生態環境的維護等，當然就少不了宗教團體與熱心人士的參與，這也是社會進步的象徵。慈濟人不僅尊重人命也尊重物命，其說：「惜福愛物，力行環保，是尊重物命的實踐。」「而在慈濟人的辭典中，尊重生命不只是護惜生命，更重要得是善用生命，充份發揮生命的價值。」「上人形容這是精而純的生命，不論長短，精神都能長存人間；反之，讓生命粗糙浪費掉，就是最沒價值的人生。」〔註30〕宗教界的這些作為也是全球化與在地化的一種運動，其缺憾是社會卻變成派系互相較勁的場域，宗教界的市場化發展成了學者專家所說的墮入資本主義全球化的陷阱之中而不自覺。

至於政治與宗教問題，是千年公案，是一部王權與僧伽制度問題。明復法師在（中國佛教寺院制度的演變及其前途）文中說：「主因就在於中國佛教自始以來，即未能依據佛制建立起一個如法的、統一的、有力的僧伽組織，來住持佛法，攝導四眾。相反的，不了解佛法，無弘濟願心的人，卻假藉著王力自在，建立一套鉗制壓抑佛教徒眾的、以寺轄官的僧官制度，及以僧僧隸寺的僧籍制度，並借著這兩種制度的實施，以王法律令取代了三聚淨戒，以世俗宗法制度暗換了六和敬法，遂使寺院與僧伽合而為一，僧伽與俗家了無差別。在社會中，無法積極的發揮宗教的功能，還得依靠著官府的維持，纔能存在，這是當初官府箝制佛教時所沒有想到的。後來談到寺院問題，不論是管理也罷，監督也罷，都有點不勝其煩，莫可奈何的意味在內。」

〔註29〕簡又新《意識、共識與環保》「提昇環境品質迎向 21 世紀」，行政院環境保護署，民 79 年 5 月 1 日，頁 3。

〔註30〕〈尊重致祥和〉，《慈濟月刊》第 479 期，2006 年 10 月 25 日，頁 1。

〔註31〕明復法師所談到的，是佛教中國化的現象之一，其思維較為理想性，護教不留遺力；佛教行者，有四眾，不限於方外之人，當各有其僧團組織，但中國佛教一向特重僧尼兩眾，而以僧人為高，引發尼眾的不滿與質疑，這也是教內的大問題，密宗也不例外，各方都在弭合這種摩擦，也採取了一些民主的作風，如尼寺與尼眾僧團的成立；但居士團體學會，在台灣尤其是如雨後春筍般，一一竄起，如李元松的現代禪、宋七力、妙天、李善單與蕭平實，還有獨立門戶自修的佛教團體在醞釀生成為新興教派，這些都衝擊著傳統佛教界的出家眾僧團。至於，僧人號稱方外之人，不依王法高尚其志，古今都是稀罕；依據社會學的說法，這世間能稱得上真自由的人是少之又少，絕大部份的人需要約制與引導〔註32〕，才得走上而享受所謂安和樂利的人生，佛法不離世間覺道理在此，人間佛教，佛教即生活，也立基於此。一些人反對人間佛教，有立基不依官宦立場，有立基於修持，而明復法師則是以禪釋心耳，格調陳義高尚，強調「禪無餘」，一切言行皆然；至於惟覺但說大乘心，善開方便門，與其他山頭爭佛弟子來做事業，彷似閒中忙做事貌，找事情、找志業來鬧鬧，使禪行不致於變成死禪。

　　佛教既然中國化了，而台灣人民受憲法保障，有從政與信仰宗教的自由。面對政治問題，還是要回歸到佛教教團的問題上來看，至於現代佛教徒應該對政治採取什麼態度，「星雲認為太虛大師說的『問政而不干政』最為中肯客觀。〔註33〕佛教有僧俗四眾，不可能人人都不過問政治、不關心政治，如李子寬居士本要出家，因其與政治關係良好，師父要其留在世俗，方便護持佛教，事見其自傳《百年一夢》。佛教要辦大學，當然要考慮到辦怎樣的大學，是僧才、佛教人才的培養，還是並眾世俗的濟化呢？我想最後的結果，部份會走上西方式的教育模式，僧尼、僧俗分離與並重之路，佛寺、道場、學會亦然。談到政治，釋昭慧法師在〈宗教真能超然於政治嗎？〉文中說：「總之，尊重因緣的個別差異，尊重多元的選擇意向，而不強人以從己，這就是

〔註31〕《明復法師佛學文叢》第一冊，頁25～26。
〔註32〕從古至今的宗教，總會存在著一些內外部問題，而影響到社會的觀瞻與政治的干預，法難通常也如是產生的。葉小文在〈宗教局長不信鬼神管宗教〉文中（《把中國宗教的真實情況告訴美國人民》，頁250）說：「中國大量的宗教問題把法院忙死也解決不完，因此必須有一個有權威的國家機構去處理這些事情。」（北京：宗教文化出版社，1999年3月）
〔註33〕符芝瑛《星雲大師傳》「人間佛教的政治觀」，頁172。

佛教徒（包括法師與居士）面對政治所應有的超然態度。唯一底線是：熱中從政或參選的出家人，以還俗後進行為宜，不宜以佛教徒僧侶的身份從政或參選，因為那會妨礙僧侶正業的修學、弘法，以及僧侶所應有的淡泊的生活方式。」〔註34〕她一席話，把佛教僧人與政治糾結之葛藤給徹底砍斷了。僧人道人介入政治，說一些危言聳聽的話，借此影響選情，是台灣的一種宗教現象，也是社會問題。最近聽某法師說某人涉及貪污，是：「台灣人的共業！」一個人的作為，是業力所感，群體的無意識行為，是無明造成，佛教基於渡化群迷，方便說它是共業，然此共業也是一串串別業的心行促成的，個人的別業要自我去承擔，莫推諉給他人，又患上另一個無明妄心。如同尊者說的，善有善報、惡有惡報，是立基於一個人的自我心行〔註35〕，環境是跟人的心行互相呼應、互為因果的，一個人有羞恥心的人，做害事做錯事，不能推託是受到環境與他人的影響。

佛教徒早出家、晚出家，當視因緣與個別差異之修學程度，出家好修行或在家有方便，這如同那說「平常心是道」一樣，有種種方便異說，但總歸要依因緣時節，正因正行。漢藏佛教的融通亦然，各自受到不同文化、環境與自覺的影響，其途路因而就有所差異。如印度藏人，已接受比丘尼僧團，或改變葷食習慣而素食，對明妃修法也有新的闡釋，這在在都是文化交流下的增上。總之，傳統佛教因時空環境的轉變，心行比之戒嚴以前大不相同，且受到其他諸宗教信仰的衝擊，當然包括密宗的影響，本土新興教派與學會一一產生，這連帶使顯教多方檢討改善，如在禪觀與教理、教團組織、佛教教育、文藝活動，以及物命關懷與臨終關懷方面，更加的著力，實踐那佛法的真諦，以及不離世間覺的理念。

在教團方面，台灣獨特地發展出人間佛教，它是很多佛教徒不論僧尼、聖俗在積極參與的活動。闞正宗說：「或謂人間佛教與傳統緇素的理念有悖，最大的衝突是在出世與入世。可是無論是傳統的或進步都無法拋棄佛教的終極關懷，也就是最後的解脫。（中略）人間佛教在大陸幾乎沒有實踐，就因為國共內戰導致兩岸分治，並隨著國府的遷台而找到了開展的契機，其中文革正是一個機會點。（中略）在台灣佛教內部，要徹底的改變佛教給人的迷信、

〔註34〕《中國時報》「時論廣場」，民89年3月3日。
〔註35〕達賴喇嘛著、楊書婷等譯《心與夢解析》（大是文化，2008年9月），頁180～181。

腐化、經懺的印象，三個環節是息息鄉關的，那就是慈善、文化、教育。（中略）台灣的人間佛教，是多元的面向，沒有人可以抑他揚己，或是界定個別的人間佛教是俗諦還是聖諦。（中略）在戰後新四法脈之外，還有幾個逐漸在發展中的教團值得注意。」〔註36〕

　　台灣的佛教發展，隨著兩岸的頻繁交流，勢必會影響大陸佛教未來的走向，以及學術的研究。然檢討起人間佛教，您會發覺一些有趣的現象，還有一些問題，如太虛法師的「人生佛教」，就與印順法師所強調的不同，而印順法師的「人間佛教」又有別於證嚴法師的人間佛教，我想這如同昭慧法師說的，身為佛教徒尊重個人因緣，尊重個人選擇。從早期廣欽老和尚來看，他是講究修行的，強調佛法不同於那政治法門，事見《廣公上人事蹟續編》；其主張「出家人做事，當與道合；否則看起來和在家人一樣，都是為了三餐做事。」又說：「因地不正確，只會徒增煩惱。」〔註37〕修行好有德行，也能度眾，所以古往今來的高僧大德多的是清修而節操高尚者，台灣僧人同俗人眷屬混雜，說它是人間佛教，大為保守人士所詬病，但怕妨礙信徒對佛法的信心與傳揚，不願公開說人壞話，因佛法是修自家事的緣故。後之聖嚴、惟覺、心道法師，一以學問僧，一以修行僧，一以苦行僧，都獲得廣大信徒的揚舉，但不期然這些法師最後還如星雲法師、證嚴法師也配合政府，推展各自所謂的人間佛教，僅僅是揚舉的名色不同而已。佛教高僧們擺脫了個人的修持，走到社會上去行化，自己道場也罕有吸引好人才的特色。

　　李世偉在闞正宗《重讀台灣佛教》「正編」序文中說：「許多道場積極於建立佛教事業，卻少有內部獨特宗風的建構，這種外向型的宗教風格，極易流於形式化與異化，也會讓有心解脫之道的信眾另尋出路，早期許多大專青年向不識字的廣欽法師學佛，近十餘年來南傳佛教、藏傳佛教、現代禪等新興佛教的興起皆可看出人間佛教發展的困境。」〔註38〕據我所知，明復法師都曾關心過很多宗教團體的事務，但行人多想發展自己的風格，所以再建議也會讓人嫌的，而旗山五智山光明王寺其建構已經逐漸展露頭角，當中明復法師與徽定管長費的心力不少，但此宗還存在著宗主的傳承與僧尼的混居、

〔註36〕參見《重讀台灣佛教——戰後台灣佛教續編》「第六章總結」，千出版社，民93年4月，頁482～491。

〔註37〕《廣公上人事蹟續編》，承天禪寺，民87年6月，頁88、138、143、158、178。

〔註38〕《重讀台灣佛教》正編「序文」，頁19。

開放觀光與否的問題。

　　再者，人間佛教在台灣，看似揚起大旗了，但實際的工作卻常有疏失之處。從稍早的中台剃度風波，到靈鷲山的桃色新聞，佛光大學的烤全羊與色情問題，慈濟的一滴血事件，還有許多道場山坡地不當利用，主事者喜好收集古董寶物等問題。均可以看出台灣佛教團體，物化的現象嚴重，本位主義也很是濃厚，導致「社會大眾對其宗教形象趨向負面」，「或者專業化與現代化的嚴重不足」，導致種種方面有缺憾之虞。〔註39〕當今佛教的發展，已不僅限於教團的問題，佛教還經營著俗務事業，或者是寺廟、道場或者是法會活動，關涉到跟俗世相關的一些事務如財物、建築，以及衛生醫療等問題，在在牽涉到法律規範的層面；整體來說，社會人士看宗教問題，已不純是信仰問題，她還起來還是一個很特殊、享有部份特權的團體。「經營企業講究機變與過渡，而道法則重視實在的行法。」宗教講求自律，而企業的人性管理要講求人道立場，還有生存競爭的機制，因此企業難以達到要員工都安住在「個個為人」的基礎上。而宗教經營企業，是回餽眾生，取之於社會用之於社會，「發揮無緣大慈，同體大悲的心。」因此，宗教企業偏重於對領導人的崇敬，還有員工的服務熱忱與愛心；其不似民間企業主以利潤為導向，不似道法以修己度人為己任，企業即使要回餽於社會，還是以物質性為前提，而不是主張法性慧命。〔註40〕由此可知，宗教涉及到俗務事業，難免讓世人產生某些方面的知見，但宗教為了配合時代的腳步，以及隨著人文科技、法律、財經、環保觀念的發展，還是要引進一些新穎而合理適用的制度，如 ISO 以及 HACCP（有關食品衛生管制系統）等國際上採用、政府核可的最新認證制度，以增強公信力，這也是佛教發展上必須調整的腳步。當前宗教法人法的訂立，就陷在宗教傳統與新潮流趨勢、信仰與現實利益的迷失當中，有望國中有力人士能集思廣意去突破目前的困境，尤其是對於寺廟管理問題，以及民間有關宗教信仰、神明會等相關的法令〔註41〕，也要加以研習；更重要的是，不斷地探討當前現代化的教育理論，吸收新的學科知識，充份發揮佛教

〔註39〕《重讀台灣佛教》正編「序文」，頁 19～20。

〔註40〕陳文元〈禪修中持咒練氣的功德——密法的行持與自我管理〉「結論——以假修真」，真佛宗《2004 台灣密宗學術研討會論文集》，民 94 年 3 月，頁 131。

〔註41〕有關神明會的問題，請參閱黃懷遠、黃明芳編著《神明會實務與法令廣輯》，大江出版社，民 85 年 12 月。

的倫理學，並隨時掌握社會人心的脈動，以利於內部的教育、僧團的發展，還有宏化的願行。總之，對於人間佛教，如周慶華說的，要再給予「切合實際的構設」。

當前社會除了密法熱之外，還流行著禪修與氣功熱，但有一些人把氣功、禪修、道法三者分開了。如練自然功法者來說，不說氣功與宗教，因氣功不是一時練得出來的，因怕人說斂財或說是騙人的；練功而說是一種宗教，還會被一些人冠上迷信的帽子〔註42〕，人家或以為是神壇中人，所以有一蕭師兄出外教學，沒私設道場，名稱以自然內功來吸引學人。其教學內容，很多樣化，破斥諸宗教、氣功與神壇的一些迷情現象，但雅好太極之貌象、無極之虛無狀態。其自然內功也著重在心性修為，靜功中包含著動功，靈動而心不動，這一點一般人就很難入門了。自然內功在啟靈上，很像自發動功，自發動功得氣很快，但是也很容易走火入魔，變得感通氣虛，成為乩童樣，說自己是某活佛、濟公之類，忘了當初練功的旨意。所以靈動繞氣圈，如同自發動功，得氣感氣快，練功出偏也快。就此，學者當先看《走火入魔》一書了。打坐也好，練氣功也好，練氣圈發動磁場也好，如同楊贊儒所說的，「即使氣動的很激烈，您要觀想這是自己的靈氣在動，絕對不要想成是某某神佛來附身，要救人救世，否則有一天您會被關到精神醫院。」〔註43〕看蕭師兄在傳授功法時，看學員練習時的神情，就一點通靈的成份在，他是常到地藏庵繞氣借氣來辦事的，用來感知別人的一些心事。蕭師兄說他不練氣、不持咒，他也要學員不要持咒繞氣圈，但學員們都跟其師久了，習慣於持誦繞氣或持誦後繞氣，由是更加氣定靈通而不是靈動，有的學員一直靈動，感知到一串串的怪現象。這種師心自捫的現象，如惟覺引古德話說的：「慈悲生禍害，方便趨下流。」

同樣是教「無極心法」鸞堂出身的楊贊儒，後來遊學密宗，其說：「靈動大都是由氣動而來，所以氣動當中要有一個理念，這是我們自己的靈在動，絕對不要誤以為是什麼神靈來了。否則您會變成傀儡，變成別人的化身。因為氣動之後，您的潛意識會飄浮不定，如果您接收到靈界一些搗蛋鬼的訊息，搗蛋鬼專門說謊話，最喜歡作弄人，那時您沒有自己的意識，沒有足夠的智慧來分辨真偽，功力就會瓦解，變成牛鬼蛇神，天天天方夜譚，鬼話連

〔註42〕楊贊儒《禪定與氣功》（台中：聖德雜誌社，民82年6月15日），頁93。
〔註43〕楊贊儒，前引書第六堂課「談氣功的修練與立禪功」，頁97。

篇。所以身動、氣動，不要靈動，靈動容易走偏，這點理念大家要謹記在心。」〔註44〕他勸人練氣功要配合禪定，因為氣功只是禪定的一小部份，而且「禪定可以讓我們心靈得到真正的解脫，斷滅煩惱與輪迴。」我想蕭師兄所傳的功法亦然，修練者當先以禪修為基礎，在神通功法之前，真的要審細思索、想好為何而練，如是道教中人在於與道冥合為主，如是佛子則要在發菩提心，以行濟化利生事業為前提，但玩火總是容易出偏的。如新莊蕭師兄、宜蘭壯圍林老師，都如鄭志明教授所說的，是社會上流行的靈乩活動，他們都僅是其中的一員，其差別在有無神壇，同處在借靈光辦事，一不小心則被靈體附著，而恍神失態，成了名符其實的乩童模樣。古人練氣功，就是在修行，「只是現在都變質了，變成二分法，氣功是氣功，宗教是宗教。練氣功的人，可以也沒有宗教信仰，不急於行善積德，只修身養性。但是須知一個很重要的觀念，以精神來說，練氣功只是得到氣，而神才是一種成就，超越肉體，練到神境，才能還虛合道。心物是一體的，只有物，沒有心，顯不出大妙。」〔註45〕密宗修持，特重一種心氣行法，修氣時也在修心，種非佛非道、亦佛亦道的俗世宗教現象，台中聖德宮、台北濟德文化學會就是實例。這也就如闞正宗居士說的，解嚴後一貫道成了合法宗教，佛教與一貫道競爭信徒白熱化了，上述行人的活動，以及其思想的趨向與宗教之底蘊，很值得我們使心光達到透脫，覺性自然了然，而大放光明。顯教利根者六祖惠能則說：「吾今教汝，識自心眾生，見自心佛性。」「汝等心若險曲，即佛在眾生中；一念平直，即是眾生成佛。」其留一偈給門人，說能識意者，「自見本心，自成佛道。」〔註46〕淨因淨果，是大乘佛教所特重的，「但用此心，直了成佛」，最是捷徑。如今，道門也不斷吸收佛教禪修的功夫、心法，融入其教法之中，造成社會上出現了一大堆禪學大師、密教法王，這足以提供研究民間宗教者共同來留意省思。但宗教與單修禪與氣術的外道行人不同處，是其有三皈依，所以修行時罕有魔障，有智慧與善友依靠的緣故。

　　目前台灣的宗教界，尤其是佛教，弘法的管道很是多元，充分看出台灣佛教旺盛的開展力。「以佛法的普及弘化來看，福嚴佛學院院長大航法師就指出，現代台灣佛教可以說是漢傳佛教傳入中國以來，最興旺的時期。至於原

〔註44〕楊贊儒《禪定與氣功》（台中：聖德雜誌社，民82年6月15日），頁98。
〔註45〕楊贊儒，前引書，頁109～110。
〔註46〕《六祖壇經》「付囑品第十」。

因，法師認為除了台灣的政治穩定、經濟繁榮與自由民主等外在條件的促成，最主要的還在於台灣佛教界有一股積極弘化的潮流，並因而帶動整體佛教的發展。」〔註47〕他所說的整體發展，是推進大陸、推進華人世界以及在世界其他的國家去弘法利生。

至於密宗在台灣發展，也善用了傳媒的力量，但其卻步入以往顯教的路數，對所謂外道深具排他性，如網路穢跡金剛的家，羅列了所謂的「家族排外名單」以及「具有爭議性的著作」，且說：「以上的名單、教派或網站因具有爭議性，故禁止其相關文章張貼及連結。」〔註48〕「除了傳播媒體無遠弗屆的弘法魅力，科際整合也是現代台灣佛教的發展新趨勢，佛教界結合了心理學、社會學、醫學、文學等多整不同的學科領域，為現代人開展出豐碩而開放的成果。」在台灣、歐美地區，「更強調世學與佛教的結合，所以弘法的表現上較為開放。」〔註49〕佛教界從爭取設立宗教學院，以及私立大學，多次與教育部溝通，民國79年華梵大學成立，學校推動覺之教育，致力於提唱儒、佛思想，培養人師以挽救世道人心，是佛教界的一大志業。〔註50〕佛教大學陸續成立，隨著社會風氣，佛教也討論到大學合併問題，但因佛教諸大學才剛成立不久，且各校發展方向與特色有別，多持反對態度。佛教界也逐漸體會到學術的重要性，如大航法師在〈信仰與學術〉一文中說：「有時候我們會誤解學術，覺得修行不該談學術，認為談學術就會造成修行上的偏差；或以為學術萬能，可以解決所有的事。這是誤解、迷信學術，學術本身沒有過失，它是一種工具，只要恰當認識學術，認識學術的有效性及有限性，學術就能發揮其功能。」〔註51〕

佛教界近年來的努力，「佛法在現代社會裡已經不是難聞了，甚至可以就個人的需要去尋找最契機的學佛管道。」佛教從山林佛教、遁世宗教的一般人錯覺或刻板印象，轉變成對社會無限的關懷與慈悲，讓世人體會到所謂的菩薩道精神。「而強調教育與開放性格的佛教界，也以其對世界的關懷，與其他宗教展開對話的企圖心，從台灣邁向世界，不但展現了承繼二千年來悠久

〔註47〕《人生雜誌》第182期，編輯室〈台灣佛教的傳統與現代〉，頁42。
〔註48〕網址：http://www.ucchusma.idv.tw/ucchusma/ucchusmail.htm。
〔註49〕《人生雜誌》第182期，編輯室〈台灣佛教的傳統與現代〉，頁44。
〔註50〕《海潮音》第79卷第1期「教訊——曉雲法師榮獲文化獎」，頁34。
〔註51〕《佛藏》第11期「學術會議專題——首界兩岸禪學研討會特刊系列2」，頁29。

歷史菁華的成就，更因與時代的互動，而充滿無限的未來開展性。」〔註52〕佛教對教育的重視，其實也是弘法的重要環結，大航法師認為「弘化其實就是教育」〔註53〕，甚至可以說：「弘化或者是濟化活動，本質上就是一種教育。」佛子發菩提心，也要行解相應，佛法能進入社會上的每一個角落，而產生極大的力量，就是這種菩薩行願的落實。宗教如同個人的修持，要經得起考驗，以及時代的洗禮，如聖嚴法師說的：「開不出新興的境界，它便是迷信而不是正信」。當前佛教外貌鮮麗，內在潛藏危機，大為學者所詬病，佛教的本質、門風問題，在在考驗著一些掛在嘴邊說我忙於弘法利生者。周慶華在〈後佛學的幾個研究方向〉文中說：「佛教俗化，已經可以預見不會是一條康莊大道。」〔註54〕走傳統的人間佛教教團，真要反省。

從另一角度來看，佛教從大陸移植到台灣，初時是老幹新枝，發展上有點老氣、帶點嬌嫩，還有一絲絲的骨氣，發展到如今與諸宗教信仰不斷地交談對話；與科技文明互增榮光，并配合政府各項心靈改革運動，自信地擔負著淨化人心的使命來，使得這深具佛教傳統的老幹發起了一株株的新芽，而又逐漸在茁壯成長，佛子望著藍天帶著綠意，佛教的發展，彷彿不大受當前政經局勢的影響，而展現出活潑與開放的氣度，迎向世界各個角落需要的人群伸展出去，成為台灣當前本土化、國際化的一大特色。由表面上看，佛教很有生氣，帶有韌性與活力，發菩提心，行大悲願，是其有別於諸宗教的最大特色。然聖嚴法師說：「全球性的佛教行政組織，雖未見於根本佛教的要求，卻是今後時代所急需，若想藉此聯誼會的發展而成為全球佛教的行政組織，恐怕還要努力若干時日哩！」〔註55〕但這就要關涉到佛教與政治的問題，目前台灣佛教不是一個政治形態的組織體系，有其方便與不便處。台海兩岸的佛教發展，有部份相近處，如同王雷泉教授〈致江燦騰先生書——兼論大陸佛教研究現況〉文中說的：「中國佛教最大的問題，在於教團渙散，戒學不振，而我們至今還沒有投效力量從事這類研究。」「居士佛教興起，與僧團退墮，互為因果，以至近代出現歐陽漸『居士可以住持佛法』的口號。人間佛教口號，只能落實到居士佛教。理論上不闡明這一題，以至目前在實踐上只把注

〔註52〕《人生雜誌》第182期，編輯室〈台灣佛教的傳統與現代〉，頁45。
〔註53〕同前註。
〔註54〕周慶華《後佛學》（里仁書局，民93年4月），頁13。
〔註55〕釋聖嚴《正信的佛教》「佛教有統一的行政組織嗎？」（東初出版社，民81年9月），頁165。

意力放在以觀光為主的寺院建設上。」〔註56〕這些問題，一部份也是當前台灣佛教正面臨到的重大問題，但以僧官制度為中心發展出的政教關係，以寺院經濟為中心所產生的佛教社會活動，也該多留意一些社會現象，因為人類文明的發展，脫離不了政治與經濟，而中國文化與台灣文化的發展，少不了佛教文化，而民間信仰與習俗少不了儒家的倫理。台灣的居士上進心強，大都受儒家思想所薰陶過，所以能獨自弘化，也能加入社群活動，更進而組成佛教學會，儼然是新興的宗教團體。

　　而佛教與佛學、科學的不斷對話，也有其意義。「如傳統科學對生死、意識的理論正確無誤，瀕死經驗根本就不可能發生。」〔註57〕有人認為科學須正視靈魂存在的可能性。舒吉在《人類宗教——佛學篇》「譯者的話」文中說：「佛學，這個東方奇蹟，通過了東西文化交流（也就是說：當著述人試用採自西方哲學、心理學、文學的語法、名詞、比喻和意象來剖析、闡釋佛陀的心要時），竟使我們觀感一新。」〔註58〕而張澄基則說：「西洋人對佛學發生濃厚的興趣是最近的事，一般來說，他們因為有充實的哲學和宗教學基礎，所以能很快的吸收佛學的精華，經過一番『現代的消化』再表達出來，確有我們所未見到之處，或未如是闡揚之處，至少表現出一種另外的風格。從別人的嘴裡常能發現自己的本來面目，西洋人的佛學書籍像一面鏡子，一面反映出對佛學之另一種看法或表達方式，同時亦為佛法之當代價值與不朽意義作證。」〔註59〕三十多年來台灣僧尼、學界在修持與研究上不斷地努力、對話，使得佛學這豐富的文化寶藏，不再「埋沒在陰暗的腳落裡」，而是透過傳媒的力量，已廣為大眾所知曉，不似那中國古代佛教與佛法僅是高僧、士夫所專尚的高深學問與學術。而佛學及其法門，要弘傳久遠，教內人士也一再反省，指明初出家僧尼不僅要一門深入，在義理上也要鑽研深究，佛法是人類共通的資產，他人來參問時，你不能一問三不知，只如古德說念佛去、參禪去，對於樣樣講求科學、理性與速食的現代人，你要很善巧，所以要有相

〔註56〕江燦騰《現代中國史新論》附錄二（淨心文教基金會，民83年4月），頁336。

〔註57〕Anita Bartholomew〈雖死猶生——從科學角度看人類靈魂〉，《讀者文摘》，2004年9月，頁37。

〔註58〕赫士唐・史密斯著、舒吉譯《人類的宗教——佛學篇》（美國佛教會，民58年5月），頁126。

〔註59〕赫士唐・史密斯，前引書「引言」，頁1～3。

當的學養與人生歷練；碰到國人都使不出佛法的妙用，如何教導異國或他教人士；而不論僧俗兩眾，護持佛教要如法行，不尚浮華方便，法性慧命的長養終歸要依賴那些對實際理地奉行的佛子，而不僅在人間佛教的推廣，也不是在於講究佛法的現代化變遷。

圖7-1：寺院新心結

年輕化、科技化，是新興宗教熱潮的特色。

圖7-2：心道法師刊物——對話與轉變

圖 7-3：新興宗教的教學

圖 7-4：受刑人皈依

台南軍人監獄中，佛教的地皎法師前往弘法，
受刑人虔誠皈依，咸稱為一時之盛。

圖 7-5：宗教與藝術結合

圖 7-6：宗教與學術活動

圖 7-7：法鼓山禪修活動

圖 7-8：宗教無國界

參考書目

一、重要史料

1. 《了然法師法彙》，台北市：佛教出版社，民 69 年 5 月。

2. 《天主教梵蒂岡第二屆大公會議文獻》，天主教協會版，民 72 年 5 月 4 日。

3. 劉義慶《世說新語》，《四庫全書本》。

4. 《古尊宿語錄》，北京：中華書局，1994 年 5 月。

5. 《明會典》卷之一百四「僧道」。

6. 《南亭和尚全集》，台北市：華嚴蓮社，民 79 年 9 月。

7. 《虛雲和尚方便開示》，中華佛教文化館印贈，民 80 年 8 月。

8. 《廣增印光法師文鈔》（一），瑞成書局民，民 45 年 1 月。

9. 《慧明法師開示錄》，台芳書局，民 76 年 12 月。

10. 《禪宗語錄輯要》，上海：古籍出版社，1992 年 9 月。

11. 《勸發菩提心、菩薩學處合刊》，佛陀教育基金會，民 89 年 12 月。

12. 丁福保《六祖壇經》箋註，台南：吳修齊印贈，民 72 年 12 月。

13. 小栗憲一著、釋慧淨編訂《淨宗教旨》，民 83 年 5 月。

14. 石峻等編《中國佛教思想資料選編》第 3 卷第 4 冊，北京：中華書局，1991 年 10 月。

15. 宗喀巴大師《菩提道次第廣論》，台北市：菩提佛學會，民80年10月。

16. 洪邁《唐人萬首絕句選》，文光出版社，民58年。

17. 貢西格西《金剛密鑒》，聯合影藝雜誌社。

18. 黃夏年主編《巨贊集》，北京：中國社會科學，民84年12月。

19. 錢伊庵《宗範錄》，華嚴蓮社，民72年2月。

20. 釋月溪《大方廣圓覺修多羅了義經疏》，宏祥印行，民86年6月。

21. 釋玄妙等集《淨土精華錄》，高雄市：淨宗學會，民84年8月。

22. 釋延壽《萬善同歸集》三卷，台北：新文豐出版公司，民63年9月。

23. 釋明復主編《禪門逸書》初編，明文書局，1980年1月。

24. 釋淨慧《虛雲和尚開示錄》，圓明出版社，民83年2月。

25. 釋惠洪《禪林僧寶傳》卷第一「撫州曹山本寂禪師傳」，台北：新文豐初版，民62年6月。

26. 釋普濟《五燈會元》卷第三「洪州百丈山懷海禪師」，德昌出版社，民65年1月。

27. 釋智顗《修習止觀坐禪法要》。

28. 釋湛愚《心燈錄》六卷，自由出版社，民75年10月。

29. 釋逸人編述《重訂西方公據》，台中：青蓮出版社，民82年4月。

30. 釋道原《景德傳燈錄》，真善美出版社，民56年2月。

31. 釋靜、筠《祖堂集》，中文出版社，1984年6月。

32. 魏源《老子本義》，華聯出版社，民62年5月。

33. 敦煌本《壇經》，龍田出版社影印《中國佛教思想資料選編》，民71年1月。

34. 宗寶本《壇經》，龍田出版社影印《中國佛教思想資料選編》，民71年1月。

38. 《印光法師文鈔》四冊，台中：瑞成書局，民45年1月。

39. 《明復法師佛學文叢》，覺風藝術文化，2006年9月。

40. 連橫《雅堂筆記》，廣西：人民出版社，2005年7月。

二、一般論著

1. 《2004 台灣密宗學術研討會論文集》，真佛宗出版，2005 年 3 月。

2. 《2005 台灣密宗國際學術研討會——文化與藝術》會議手冊與「工作紀實」，真佛宗出版社，民 94 年 10 月 23 日。

3. 《2006 台灣密宗國際學術研討會論文集》，真佛宗出版社，2006 年 10 月 22 日。

4. 《中國民俗學論文選》，中國民間文藝出版社，1986 年 7 月。

5. 《中國佛學》，海明佛學院，民癸亥年 6 月。

6. 《史懷哲自傳》，文國書局。

7. 《佛教史與佛教藝術：明復法師圓寂一週年紀念研討會論文集》（二），現代佛教學會，民 95 年 5 月 14 日。

8. 《佛學入門》，佛陀教育基金會，民 87 年 2 月。

9. 《宗教與民俗醫療學報》創刊號，大元書局，民 94 年 6 月。

10. 《密乘初階》，文殊佛教文化中心印行，民 76 年。

11. 《淨心長老論文集》，淨覺佛教事業護法會民，民 85 年 1 月。

12. 《第一屆台灣密宗學術研討會會議手冊》，民 93 年 11 月 4 日。

13. 《陳健民百歲冥誕紀念與漢藏佛教交流研討會論文集》，現代佛教學會，2004 年 12 月 12 日。

14. 《景文技術學院宗教、人文、管理學術研討會論文集》，景文科技大學通識中心，民 93 年 5 月 26 日。

15. 《當代佛寺建築文化與經營管理》論文集，中華佛寺協會，民 91 年 12 月。

16. 《漢藏佛教交流座談會手冊》，內政部出版，民 93 年 10 月 7 日。

17. 《廣公上人事蹟續編》，承天禪寺，民 87 年 6 月。

18. 《學佛手冊》，佛教圓因功德會叢書，民 83 年 1 月。

19. 《禪門法語新知 10》，禪門出版社印行，民 82 年。

20. 《藏密修法精粹》，台北：佛教同修會，民 88 年 4 月。

21. de Groot, J. J. M. 1903. Sectarianism and Religious Persecution in China，台北：經文書局重印，1963 年。

22. H. Saddhatissa 著、姚治華譯《佛教倫理學》序，黎明文化，民 82 年 3 月。

23. Weber, Max 著、簡惠美譯《中國的宗教：儒教與道教》，台北：遠流出版公司，1989 年。

24. 于凌波《中國近現代佛教人物志》，宗教文化出版社，1995 年 9 月。

25. 羅納德・約翰斯通著、尹今黎等譯《社會中的宗教》，四川：人民出版社，1991 年 1 月。

26. 內政部《宗教簡介》，民 92 年 12 月編印。

27. 尤智表《佛教科學觀》，天華出版事業，民 78 年 7 月。

28. 王世禎（飛雲山人）《人神相通的靈動秘典》，佛光企業社。

29. 王世禎《人神相通六大秘典 3──道家符咒請神求財秘典》，佛光企業社。

30. 王世禎《台灣王爺神力秘典》，佛光企業。

31. 王國奉《全方位大乘禪學》，展望出版社，2004 年 3 月。

32. 王朝聰《禪定心靜》，滿庭芳出版社，1994 年 12 月。

33. 王鳳儀《丹道文化──養生系列一》，丹道文化出版事業有限公司，民 93 年 12 月。

34. 甘克誠所編《社曾科學概論──倫理與道德》，廣興書局，民 88 年 8 月。

35. 全佛編輯部《神通的原理與修持》，中國社會科學，2003 年 1 月。

36. 朱其麟《在家學佛寶典》，世佛雜誌社，民 80 年 7 月 30 日。

37. 江燦騰《現代中國佛教史新論》，淨心文教基金會，民 83 年 4 月。

38. 牟鐘鑒主編《宗教與民族》，北京：宗教文化出版社，2006 年 6 月。

39. 艾美・史密特著、周和君譯《佛陀的女兒》，橡樹林文化，2003 年 10 月。

40. 何光滬《宗教與世界叢書》總序，1988 年 1 月。

41. 余崇生、賴建成編輯《佛學譯粹》第一卷第一期，佛學譯粹雜誌社，1986 年。

42. 余紹坡《人生最大的一件事》，於新店，民 66 年 4 月。

43. 吳堯峰《宗教法規十講》，佛光出版社，民 81 年 8 月。

44. 呂江銘《官將首——唯一發源於台北縣的家將藝陣》，唐山出版社，2002 年 11 月。

45. 呂澂《西藏佛學原論》，大千出版社，民 92 年 2 月。

46. 葉小文《把中國教的真實情況告訴美國人民》，北京：宗教文化出版社，1999 年 3 月。

47. 李子寬《百年一夢》，民 60 年出版。

48. 李元松《阿含、般若、禪、密、淨土——論佛教的根本思想與修證原理》，現代禪出版社，1998 年 2 月。

49. 李世瑜《現在華北秘密宗教》「吳澤霖序」，古亭書屋發行。

50. 李果榮《心靈妙法》，大村文化出版事業有限公司，1997 年 5 月。

51. 李果榮《時輪妙法》，大村文化，1997 年 8 月。

52. 李振明《修密基本問答》，諾那華藏精舍印行，民 86 年。

53. 劉仲宇《道教法術》，上海文化出版社，2002 年 1 月。

54. 李錦旺《啟發潛能與智慧》，禪門佛教文化中心，民 82 年。

55. 杜而未《儒佛道信仰研究》「附錄：拜拜種種」，台灣學生書局，民 72 年。

56. 杜潔祥等《明復法師佛學文叢》四冊，覺風佛教藝術，民 95 年 9 月。

57. 邢福泉《台灣的佛教與佛寺》，台灣商務印書館，民 70 年 5 月。

58. 來靜《龍門丹訣》，丹道文化出版事業有限公司，民 92 年 1 月。

59. 周一中《佛學研究》，東大圖書公司，民 66 年 3 月。

60. 周慶華《後佛學》，里仁書局，民 93 年 4 月。

61. 拇尾祥雲著、李世傑譯《密教史》，中國佛教雜誌社，民 58 年。

62. 林本炫編譯《台灣的政教衝突》，稻香出版社，民 79 年 8 月。

63. 林本炫編譯《宗教與社會變遷》，巨流圖書公司出版，民 82 年 11 月。

64. 林美田《禪的火花》，行善雜誌社，民 85 年 8 月。

65. 林美珠等《宗教行政革新手冊》，內政部宗教輔導科，2003 年 6 月。

66. 林美珠等編輯《宗教論述專輯第五輯新興宗教》，內政部出版，民 92 年 11 月。

67. 林國雄主編《論道》，中國慈惠弘道會暨慈惠堂輯，民 89 年 8 月。

68. 邱陵《藏密大圓滿心髓探奧》，新智出版社，民 84 年 3 月。

69. 金澤《中國民間信仰》，浙江杭州教育出版社，1995 年。

70. 侯杰《中國民眾宗教意識》，天津：人民出版社，1994 年。

71. 南懷瑾《觀音菩薩與觀音法門》，老古文化，民 74 年 11 月。

72. 姜義鎮《台灣的民間信仰》序，武陵出版公司，1994 年 2 月。

73. 姚周輝《神秘的幻術》，廣西：人民出版社，1993 年 4 月。

74. 派翠克‧潘著《35 歲前要做的 33 件事》，台北：易富文化，2006 年 1 月。

75. 苦海還願人《如何解脫人生的種種痛苦》，維摩詰居士弘法會，2000 年 7 月。

76. 飛雲居士編著《台灣民間信仰》，益群書店，民 82 年 4 月。

77. 唐經武《仙道靜坐經》，全林文化事業有限公司。

78. 徐明珠《林衡道談俚諺》，中國國民黨文化工作會中央月刊，民 85 年 3 月 1 日。

79. 徐明達等譯、荒天金倫著《禪僧與癌共生》，三民書局，民 86 年 3 月。

80. 黃盛璘《走進園藝治療的世界》，台北：心靈工作坊文化，2007 年 6 月。

81. 索甲仁波切著、鄭振煌譯《西藏生死書》，張老師文化事業，民 85 年 11 月。

82. 耕雲《安祥禪》，中華禪學雜誌社，1995 年 9 月。

83. 《白聖長老圓寂三周年紀念論文集》，能仁家商董事會，民 81 年 3 月。

84. 貢噶旺秋仁波切《修心七要》，佛香書苑文教基金會，2000 年。

85. 馬凌諾斯基著、朱岑樓譯《巫術、科學與宗教》，協志工業叢書（社會）108。

86. 高希均《新台灣人之路》，天下文化，1998 年 12 月。

87. 國家宗教事務局宗教研究中心《國外宗教法規匯編》，宗教文化出版社，2002 年 3 月。

88. 張家森《仙道太極內丹術秘笈》，宜蘭冬山鄉，2004 年 4 月 30 日。

89. 張曼濤主編《佛教與政治》，大乘文化出版社，民 68 年 3 月。

90. 赫士唐・史密斯著、舒吉譯《人類的宗教——佛學篇》，美國佛教會，民 58 年 5 月。

91. 淨松居士《因果報應實證》，淨土善書流通處，民 87 年 8 月。

92. 盛用宗興著、郭敏俊譯《無生死之道》，東大圖書公司，民 85 年 10 月。

93. 第三屆《宗教與學術研討會》，真理大學宗教系暨研究所，2002 年 12 月 31 日。

94. 符芝瑛《傳燈——星雲大師傳》，天下文化，民 84 年 2 月 15 日。

95. 莊金鋒《海峽兩岸民間交流政策與法律》，上海：社會科學院，1991 年 3 月。

96. 莊懷義等《展望二十一世紀》，國立空中大學，民 86 年 6 月。

97. 許瓊月《密宗解夢》，禪門佛教文物中心，民 82 年 4 月 15 日。

98. 許麗玲《巫路之歌——從學術殿堂走入靈性工作的自我剖析》，自然風文化，2003 年 9 月。

99. 郭禎祥《國際藝術教育學刊》第二卷第二期，國立台灣藝術教育館，民 93 年 9 月。

100. 陳文元等《禪思維與管理藝術》第二集「禪思維——情感與真實」篇，前程企管，民 88 年 11 月。

101. 陳永革《佛教弘化的現代轉型》，北京：宗教文化出版社，2003 年 10 月。

102. 陳坤實《無極天靈修道法第二冊》，嘉義：竹崎無極聖苑，2004 年。

103. 陳建明《證悟觀世音菩薩的法訣》，觀自在精舍，民 75 年 10 月。

104. 陳浩望《佛學泰斗陳健民》，宗教文化，民 87 年 11 月。

105. 陳啟章《大陸宗教政策與法規之探討》，行政院大陸委員會，民 82 年 6 月。

106. 陳清香主編《佛教藝術》創刊號，佛教藝術雜誌社，民 75 年 5 月 16 日。

107. 陳湘《靜坐教學對景文技術學院適應體育班身西障礙學生壓力因應與自我概念之研究》，宏態出版社，民91年2月。

108. 陳藝勻《台灣童乩的社會形象與自我認同》，輔仁大學宗教學系碩士論文，2003年。

109. 陸仲偉《一貫道內幕》，江蘇：人民出版社，1998年9月。

110. 頂果欽哲法王著、劉婉俐譯《唵嘛呢貝美吽——證悟者的心要寶藏》，橡樹林文化，2004年。

111. 傅偉勳主編《從傳統到現代——佛教倫理學與現代社會》，東大圖書公司，民79年10月。

112. 富育光《薩滿論》，遼寧：人民出版社，2000年9月。

113. 斐傑斯著，牟中原、渠仲賢譯《理性之夢》，天下文化，1991年10月。

114. 森岡龜芳著、古松譯《生活禪》，新潮社文化事業有限公司，1988年9月。

115. 無垢子《心經註釋》，台北：板橋三揚印刷企業。

116. 黃光國《民粹亡台論》，商周文化，1996年3月。

117. 黃念祖《心聲錄》，佛陀教育基金會，民88年7月。

118. 黃晨淳編著《媽祖的故事》，好讀出版有限公司，2005年5月15日。

119. 黃維忠《藏傳佛教大趨勢》，大千出版社，民91年7月。

120. 黃慶生《寺廟經營與管理》，永然文化，民91年5月。

121. 黃懷遠、黃明芳編著《神明會實務與法令廣輯》，大江出版社，民85年12月。

122. 圓香（劉國香筆名）主編《道安長老紀念集》，台北：松山寺，民67年1月。

123. 楊惠南《佛教思想新論》，東大圖書公司，民79年10月。

124. 楊惠南《當代佛教思想展望》，東大圖書公司，2006年5月。

125. 楊惠南《當代學人談佛教》，東大圖書公司，民79年10月。

126. 楊贊儒《禪定與氣功》，台中：聖德雜誌社，民82年6月15日。

127. 葉小文《把中國宗教的真實情況告訴美國人民》，宗教文化版社，1999年3月。

128. 賈亦棣《藝文漫談》，明新科技大學，2003年12月。

129. 達賴喇嘛著、黃書婷譯《轉化心境》，都會脈動文化事業有限公司，民90年4月。

130. 達賴喇嘛著、趙曉鳳譯《新覺醒》，春天出版國際文化有限公司，2004年6月。

131. 鈴木大拙著、李世傑譯《禪佛教入門》，協志工業叢書（社會66），民73年2月。

132. 窪德忠著、蕭坤華譯《道教諸神》，四川：人民出版社，1996年10月。

133. 蓋國梁《節慶——民俗文化趣談》，萬里書店，2004年5月。

134. 赫士唐・史密斯著、舒吉譯《人類的宗教——佛學篇》，美國佛教會，民58年5月。

135. 趙芳仁《宗教信仰與文化復興（三）——基督教史實記要》，民68年3月。

136. 趙樸初等《佛教與中國文化》，國文天地雜誌社，1988年10月。

137. 劉建等主編《宗教問題探索——2001年文集》，宗教文化出版社，2002年7月。

138. 劉洙源《佛法要領》，晨曦文化事業，民82年。

139. 劉國香《道安法師七十歲紀念論文集》，獅子吼月刊社，民65年11月。

140. 蓮花生著、徐進夫譯《西藏度王經》，北京：宗教文化出版社，1995年8月。

141. 蔡瑞霖主編《國際佛學研究年刊》，靈鷲山出版社，1991年12月。

142. 鄭石岩《無常——有效面對生活》，遠流出版公司，2003年2月。

143. 鄭志明〈人性與安寧療護〉，《宗教與民俗醫療學報》，大元書局，2004年。

144. 鄭志明《台灣民間宗教結社》，嘉義：南華管理學院，1998年。

145. 鄭志明《台灣民間宗教論集》，台灣：學生書局，民73年。

146. 鄭志明《台灣的宗教與秘密教派》，台北：台原出版社，1990年。

147. 鄭志明《台灣神明的由來》，台北：中華大道文化出版社，2001年。

148. 鄭志明《宗教與民俗醫療》，台北：大元書局出版，2004年。

149. 鄭振煌主編《認識藏傳佛教》，慧炬出版社，民90年1月。

150. 蕭平實《邪見與佛法——當今台灣之邪見、外道及佛弟子應有之認識》，佛教正覺同修會，2004年11月。

151. 蕭平實《無相念佛——大勢至菩薩念佛圓通法門之理論與入門》，佛教正覺同修會，民85年。

152. 賴建成《吳越佛教之發展》「佛教之中國化」，東吳大學，民74年4月。

153. 賴建成《晚唐暨五代禪宗的發展》，文化大學史研所博士論文，1994年。

154. 賴建成等《藝術與生活美學》，台北：華立圖書，民93年3月。

155. 賴賢宗《當代佛學與傳統佛學》，新文豐出版公司，2006年5月。

156. 賴澤涵《台灣社會、經濟與文化的變遷》，中央大學，2005年8月。

157. 簡又新《意識、共識與環保》，行政院環境保護署，民 79 年 5 月 1 日。

158. 簡明輝等《新莊大熱鬧——2001 年台北縣宗教藝術節》，台北縣政府文化局，2001 年 12 月。

159. 藍吉富主編《世界佛學名著譯叢》46，華宇出版社，民 74 年 8 月。

160. 藍吉富編《當代中國人的佛學研究》，商鼎文化，1993 年 12 月。

161. 魏澤民主編《新世紀宗教研究——對話與轉變》，宗博出版社，2006 年 6 月 25 日。

162. 蘇邨圃《虛雲老和尚十難四十八奇》含法王學會答客問，台北市：法王學會，1995 年 11 月。

163. 釋大寂《成佛必經之路》，佛陀教育基金會，民 79 年 7 月。

164. 釋心源《指月集》，東和禪寺印行，民 69 年。

165. 釋心道《神祕的心靈》，靈鷲山般若文教基金會，1995 年 3 月。

166. 釋白聖《學禪方便譚》。

167. 釋印順《妙雲選集》，慧日講堂，民 74 年 5 月。

168. 釋妙蓮《念佛法樂知多少》，台灣：靈巖山寺，民 89 年 9 月。

169. 釋宏印《宏印法師講演集》，慈濟文化出版社，民 80 年 11 月。

170. 釋依空等《佛光山靈異錄》，佛光文化，1997 年。

171. 釋明復《中國僧官制度研究》，明文書局，民 73 年 3 月。

172. 釋明復《白公上人光壽錄》，復美彩色印刷有限公司，民 72 年。

173. 釋明復《石濤原濟禪師行實考》，新文豐出版公司，民 76 年 12 月。

174. 釋知義《初機學佛決疑》，台中：淨願寺，民 81 年 5 月。

175. 釋星雲《世界顯密佛學會議實錄》，高雄：佛光出版社，民 77 年 9 月。

176. 釋星雲《迷悟之間》，香海文化，2001 年 3 月。

177. 釋悟明《仁恩夢存》，樹林：海明禪寺，民 75 年 8 月。

178. 釋惟覺《見性成佛》，中台禪寺，民 83 年 8 月。

179. 釋淨空《地藏經的啟示》，屏東：阿西國工作站，民 85 年 10 月。

180. 釋淨空《草堂集》，華藏佛教圖書館，民 83 年 12 月。

181. 釋淨空《菩賢大士行願的啟示》，佛陀教育基金會，2004 年 7 月。

182. 釋惠空《第二屆兩岸禪學研討會專題討論大綱——自力與他力之融合》、《第二屆兩岸禪學研討會論文集——念佛與禪》，慈光禪學研究所，1999 年 10 月。

183. 釋傳助印行《觀世音靈感錄三篇》，和裕出版社，民 82 年 3 月。

184. 釋聖嚴《正信的佛教》，台灣：英文雜誌社，民 81 年 9 月。

185. 釋聖嚴《禪門修證指要》，台北：東初出版社，1980 年。

186. 釋聖嚴等《心的對話》，法鼓山佛教基金會，2000 年 7 月。

187. 釋聖嚴等《漢藏佛學同異答問》，法鼓文化，2001 年 4 月。

188. 釋演培《六祖壇經講記》，佛陀教育基金會，民 83 年 6 月。

189. 釋滿果《普門學報》，佛光山文教基金會，2006 年 5、7、9、11 月。

190. 釋慧律編撰《佛心佛語》，派色文化，民 79 年 10 月。

191. 釋賢頓《妙法蓮花觀世音菩薩普門品講記》，板橋：彌陀精舍，民 81 年 5 月。

192. 釋曉雲《第三屆禪與管理學術研討會論文集——藉由禪學的精進培育管理的智慧》，華梵大學工業管理學系暨研究所，民 88 年 5 月。

193. 釋證嚴《靜思語》第一集，慈濟文化出版社，2002 年 9 月。

194. 賴建成《台灣民間信仰、神壇與佛教發展之省思》，東大圖書，2006 年 12 月。

195. 釋覺光編《達賴喇嘛來台弘法行——1997 紀念專輯》，中國佛教會，1998 年 3 月。

196. 闞正宗《台灣佛寺的信仰與文化》，博揚文化，2004 年 10 月。

197. 闞正宗《重讀台灣佛教——戰後台灣佛教續編》，大千出版社，民 93 年 4 月。

198. 闞正宗《台灣高僧傳》，菩提長青出版社，1996 年 1 月。

199. 楊國連等主編《台灣佛寺導遊》（二），菩提長青雜誌社，民 84 年 4 月。

200. 龔鵬程《龔鵬程四十自述》，金楓出版社初版，1996 年 9 月。

201. 龔鵬程主編《國際佛學譯粹》第一輯，靈鷲山出版社，1991 年 6 月。

202. 靈鷲山般若文教基金會國際佛學研究中心主編《兩岸宗教現況與展望，台灣學生書局》，民 81 年 10 月。

203. 達賴喇嘛著、楊書婷等譯《心與夢解析》，大是文化，2008 年 9 月。

204. 丹尼爾・高曼主編、李孟浩譯《情緒療癒》，立緒文化，民 95 年 9 月。

205. 賴傳鑑《佛像藝術》，藝術家出版社，民 69 年 8 月。

206. 王壽鑊《水墨歲月——王壽鑊》，藝風堂，1997 年 5 月。

207. 毛惕園《觀音靈感錄續編》，臺灣印經處出版，1976 年。

208. 釋煮雲《南海普陀山傳錄》，台中：普願寺印經會，1994 年。

209. 拉瑞・多賽著、麥慧芬譯《心風潮》，台北：智庫，1997 年 1 月。

210. 溪淞的《三十三堂札記》，雄獅圖書，民 80 年 1 月。

211. 釋星雲《佛教對民間信仰的看法》，香海文化，2008 年 12 月。

212. 陳慧劍《證嚴法師的慈濟世界》，花蓮佛教慈善基金會，民 77 年 12 月 1 日。

213. 釋妙蓮《法海釋疑》，靈巖山寺，民 85 年 10 月。

214. 許景量《平常心是道》，禪門佛教文化，1998 年 7 月。

215. 席德進《台灣民間藝術》，雄獅圖書，民 78 年 4 月。

216. 《金門未來發展與前途座談會實錄》，金門縣臨時縣議會，民 82 年 10 月。

217. 達賴喇嘛著、江支地譯《生命之不可思議》，立緒文化，民 88 年 11 月。

218. 陳輝明〈台灣四十年的宗教政策〉，台北中華福音神學院道生碩士論文，1988 年。

219. 考門夫人著、王義雄主編《荒漠甘泉》，永望出版社，1996 年 7 月。

210. 劉華明編譯《坐禪的科學》，台北：成春樹書坊，民 74 年 8 月。

211. 袁庭棟《周易初階》，巴蜀書社，1991 年 6 月。

212. 周中一《禪話》，東大圖書公司，民 90 年 4 月初版第 5 刷。

213. 肯恩‧戴特沃德著、邱溫譯《身心合一》，生命潛能文化，1998 年 9 月。

214. 張默生《老子的人生大智慧》，旭昇圖書，民 91 年 10 月。

215. 蔡生《道德經白話註解》，香港：道教聯合會，2003 年 2 月 15 日。

216. 釋印順《中國禪宗史》，台灣：廣益印書局，民 60 年 6 月。

217. 李淼編著《中國禪宗大全》，台灣：麗文文化，民 83 年 5 月。

218. 賴永海《佛道詩禪——中國佛教文化論》，北京：中國青年出版社，1990 年 10 月。

219. 何啟民《魏晉思想》，台灣：學生書局，民 71 年 1 月。

220. 鄭石岩《禪‧生命的微笑》，遠流出版事業，1996 年 7 月。

221. 蕭全政編著《政治與經濟的整合》，桂冠圖書，1994 年 10 月。

222. 約翰‧麥米蘭著、羅耀譯《新競爭時代》，台北：時報文化，2002 年 10 月。

223. 鄭石岩《悟‧看出希望來》，遠流出版社，民 82 年 7 月。

224. 達賴喇嘛著、曹小容譯《點亮心靈之光》，聯經出版社，民 86 年 3 月。

225. 達賴喇嘛與霍華德‧卡特勒著、朱衣譯《工作更快樂》，時報文化，2006 年 7 月。

226. 劉易齋《看見生命文化——生命、人文與博雅》，全威圖書，民 98 年 2 月。

227. 中國企業管理研究會企業管理編寫組《企業管理導論》，北京：經濟科學出版社，2002 年 10 月。

228. 李岳牧《當代中國談判模式研究》，珠海大學歷史研究所博士論文，2007年12月。

229. 《2008 全人教育論壇論文集》，景文科技大學識教育中心，2008 年 12月。

230. 《2009 品格教育研討會論文集》，致理技術學院通識教育中心，民98年5月。

231. 肯恩‧戴特沃德著、邱溫譯《身心合一》，生命潛能文化，1998年9月。

232. 克利弗德‧紀爾茲著、楊德睿譯《地方知識——詮釋人類學論文集》，台北：麥田出版社，2002年8月。

233. 黃寬重、柳立言《中國社會史》，國立空中大學，民88年8月。

234. 楊知勇《宗教、神話、民俗》，四川：大學出版社，1992年。

235. 黃連忠《禪宗公案體相用思想之研究》，台灣：學生書局，2002年9月。

236. 吳堯峰《宗教法規十講》，佛光出版社，民81年8月。

237. 《世界顯密佛學會議實錄》，佛光出版社，民77年9月。

238. 陳耀庭《道教禮儀》，北京：宗教文化出版社，2003年12月。

239. 中國口傳文學學會、南亞技術學院主編《2002 海峽兩岸民間文學學術研討會論文選》，台北新店，民91年12月。

240. 黃維忠《藏傳佛教大趨勢》，台北：大千出版社，民91年7月。

三、期刊論文

1. 〈台灣佛教的傳統與現代〉，《人生雜誌》第 182 期編輯室。

2. 〈兩岸佛教交流〉，《圓光新誌》第 43 期，民88年1月，頁56～68。

3. 〈兩岸佛教觀念交流——大陸法師學者蒞臨圓光參訪〉，《圓光新誌》第 34 期，民88年1月。

4. 〈宗教、人文、管理學術研討會論文集〉，景文技術學院，民93年5月26日。

5. 〈請全民念佛持咒一齊為台灣祈福〉，《華藏世界》第 37 期，民89年4月，頁90～93。

6. 〈學術會議專題——首界兩岸禪學研討會特刊系列2〉，《佛藏》第 11 期，頁29。

7. 《中央月刊》「廟宇文化」連載徐明珠文章，民83年2月～84年9月。

8. 〈佛教對死亡的看法〉，《佛教文摘》季刊第 70 期，馬佛青總會，1992

年 12 月。

9. 《佛教史與佛教藝術》會前論文集（二），台北大學，民 95 年 5 月 13～14 日。

10. 丁敏〈煮雲法師的佛教經驗與佛教事業——1949 年大陸來臺青年僧侶個案研究〉，《中華佛學學報》第 12 期，1999 年 7 月，頁 275～302。

11. 王博謙〈修行人應當修淨土〉，佛陀教育基金會印行《學佛淺說》，民 82 年，頁 35～36。

12. 王雷泉〈致江燦騰先生書——兼論大陸佛教研究現況〉，淨心文教基金會江燦騰《現代中國佛教史新論》，民 83 年 4 月，頁 333～339。

13. 王震武〈佛教徒教育人士的授業與傳道〉，《菩提樹雜誌》第 468 期，1991 年 11 月。

14. Jondan Paper 著、賴建成譯〈薩滿信仰與神秘經驗〉，《獅子吼》第 24 卷第 1、2、3 期，民 74 年 1～3 月。

15. 江燦騰〈日據時期台灣知識份子的自覺與佛教的創新〉，華嚴蓮社《大專學生佛學論文集》，民 82 年 11 月，頁 535～568。

16. 何健明〈中國近代佛教史上的激進與保守下〉，《普門學報》第 25 期，2005 年 1 月，頁 209～243。

17. 呂一中〈會靈山運動興起及其對民間宗教的影響〉，《台灣宗教學會通訊》第 7 期，2001 年，頁 88～98。

18. 李崇信〈宗教醫療之法律問題研究〉，《第三屆信仰與儀式學術研討會》，頁 32。

19. 李崇信〈宗教醫療之法律問題研究——以醫事法的規範為主〉，《宗教與民俗醫療學報》，大元書局，2005 年，頁 67～114。

20. 李崇信〈神壇的社會功能與律問題研究〉，內政部《宗教論述專輯》第六輯，2004 年，頁 319～374。

21. 李崇信〈現代社會神蹟的法律問題研究〉，《第二屆信仰與儀式學術研討會》第三場次，頁 36。

22. 明智居士〈近代中國佛教〉，《現代佛教》第 124 期，民 80 年 9 月 1 日，頁 25。

23. 林本炫〈民主政治為解決政教衝途之根本途徑〉，稻香出版社印行《台灣的政教衝途》，民 79 年 8 月，頁 137。

24. 林本炫〈宗教立法應審慎為之〉，《國家政策季刊》第 6 期。

25. 洪正雄（明復法師筆名）〈當世因果親歷記——石濤上人〉，《獅子吼》第 24 卷第 6 期，頁 65。

26. 范明渙〈渡台悲歌——客家人媽祖信仰的東傳〉，《明新通識學報》創刊號，民 91 年 6 月，頁 59～66。

27. 徐明珠〈上廟求籤說籤詩〉，《中央月刊》，民 83 年 6 月，頁 111。

28. 徐明珠〈台灣節俗的傳薪與創新〉，《中央月刊》，民 83 年 3 月，頁 12。

29. 徐明珠〈從廟宇文化開創文化奇蹟〉，中央月刊，民 83 年 2 月，頁 7。

30. 徐明珠〈臺灣節俗的傳薪與創新〉，《中央月刊》，民 83 年 3 月，頁 9。

31. 貢噶老人〈敬輓文〉，《道安長老紀念集》，頁 297。

32. 郝鐵川〈中國間信仰研究——引子〉，上海：古籍出版社，2003 年 7 月。

33. 高源流〈尊重死者連小學生都懂〉，《聯合報》第 7 版。

34. 張曼濤主編《佛教藝術論集》，大乘文化出版社，民 81 年 2 月 28 日，民 67 年 2 月。

35. 張耀輝〈佛教在西方世界發展的契機與展望研究〉，正修科技大學《通識教育學術研討會論文集》，民 92 年 12 月 24 日，頁 201～210。

36. 莊吉發〈薩滿信仰的社會功能〉，政大《國際中國邊疆學術會議》，民 73 年 4 月。

37. 陳文元〈禪修中持咒練氣的功德——密法的行持與自我管理〉，真佛宗《2004 台灣密宗學術研討會論文集》，民 94 年 3 月，頁 131。

38. 陳振崑〈唐君毅的宗教融合思想〉，《華梵人文學報》第 7 期，民 95 年 7 月，頁 1～39。

39. 智敏慧華〈一念蓮花開示與生命關懷檢討紀要〉，《華藏世界》第 38 期，民 90 年 1 月，頁 6～20、36～67。

40. 善慧書苑〈明復法師帶來佛教藝術雜誌復刊消息〉，上午條下，1991 年 3 月 13 日。

41. 黃勝興〈從人性尊嚴的法理談生命的關懷〉,《國立嘉義大學通識教育集刊》第 1 集,民 92 年 12 月,頁 111～146。

42. 黃運喜〈中國近代佛教史研究題目發掘與試擬〉,《獅子吼》第 30 卷第 10～12 期。

43. 圓香（劉國香筆名）〈末世難為菩薩〉,《道安長老紀念集》,頁 247～248。

44. 劉易齋〈儒佛兩家生命管理義諦的淑世意涵〉,萬能通識中心《通識論叢》第 1 期,頁 89～132。

45. 樂晴（徐明珠筆名）〈人們心事憑何寄、燃香進入神世界〉,《中央月刊》,民 83 年 7 月,頁 99～104。

46. 樂晴〈有請三官大帝敢問何石地震〉,《中央月刊》,民 84 年 6 月,頁 76～79。

47. 樂晴〈談傳統民俗技藝陣頭〉,《中央月刊》,民 83 年 9 月,頁 91～96。

48. 鄭志明〈台灣靈乩的宗教型態〉,大元書局《宗教與民俗醫療學報》,2004 年。

49. 鄭志明〈藏傳佛教對本土文化的影響〉,現代佛教學會《陳健明百歲冥誕紀念與漢藏佛教交流研討會論文集》,2004 年 12 月 12 日。

50. 黎淑慧〈生與死之人文省思〉,明新科技大學通識教育部《人文藝術與通識教育學術研討會論文集》,民 95 年 4 月 26 日,頁 85～96。

51. 蕭富元〈新心結——解讀台灣宗教熱、金動萬教、當人遇到神〉,《遠見雜誌》第 106 期,1995 年 4 月,頁 32～54。

52. 賴建成〈中共的宗教理論與政策〉,《獅子吼》第 24 卷第 5 期,頁 26～29。

53. 賴建成〈佛制與唐律令對佛教徒的約制力——以毀謗三寶及盜毀三寶物為例〉,《中國歷史學會史學集刊》第 19 期,民 75 年 7 月 12 日,頁 135～146。

54. 賴建成〈當前社會現象與佛教教育的考察〉1～5,《獅子吼月刊》第 31 卷第 8～12 期、第 32 卷第 1 期,民 81 年 8 月 15 日～82 年 1 月 15 日。

55. 賴建成〈與明復上人編雜誌感言〉,景文技術學院教師氣功學社《禪思

維與禪意境的意趣》，民 88 年 11 月 25 日，頁 24。

56. 賴建成〈樂見野生動物保育法早日頒行〉，《獅子吼》第 24 卷第 6 期，民
74 年 6 月 15 日。

57. 藍吉富《試論佛教與印度教的種姓倫理觀》，《圓光佛學學報》第 9 期，
民 93 年 12 月，頁 1～24。

58. 釋太虛〈菩薩學處〉，《海潮音》第 28 卷第 9 期。

59. 釋如悟〈一心〉，《圓光新誌》第 43 期，民 88 年 1 月，頁 1。

60. 釋如悟〈我對僧教育的一些看法〉，《佛藏》第 13 期，頁 2～5。

61. 釋成一〈道安法師的十大德行〉，《道安長老紀念集》，民 67 年 1 月 1
日，頁 13～16。

62. 釋宏印〈佛學院僧教育之禪修課題〉，《佛藏》第 13 期「僧伽禪修教育專
題」，頁 10。

63. 釋明復（中國佛教寺院制度的演變及其前途），《明復法師佛學文叢》第
一冊，頁 25～26。

64. 釋明復（宗教禮俗業務作法的研討），《明復法師佛學文叢》第一冊，頁
61。

65. 釋明復〈中國佛教史學會創辦始末〉，《明復法師佛學文叢》，頁 151～
204。

66. 釋明復〈中國僧官制度研究〉，《獅子吼雜誌》第 24 卷第 7 期，頁 39。

67. 釋明復〈佛學譯粹發刊詞〉，《佛學譯粹》第 1 卷第 1 期，民 75 年 5 月
16 日。

68. 釋明復〈社論──期待商討的構想〉，《獅子吼月刊》第 24 卷第 8 期。

69. 釋明復〈道老談佛教教育〉，覺風藝術《明復法師佛學文叢》第 1 冊，
2006 年 9 月，頁 95～96。

70. 釋明復〈道老談佛教教育〉，《道安長老紀念集》，頁 30～31。

71. 釋法振〈遙寄常寂光中的安公和尚〉，《道安長老紀念集》，頁 27。

72. 釋法雲〈雲水僧行〉，《僧伽》第 8 卷第 1 期，頁 63。

73. 釋南亭〈悼道公長老圓寂一周年紀念──為出家人辦在家學校者進一

言〉，《道安長老紀念集》，民 67 年 1 月 1 日。

74. 釋真華〈成敗不計公算教內第一人〉，《道安長老紀念集》，民 67 年 1 月 1 日。

75. 釋惠空〈中國佛教之命脈——禪觀教育〉，《佛藏》第 13 期，頁 7～11。

76. 釋聖嚴〈可靠的修行方法〉，《法鼓雜誌》「耕心成長」5，2003 年 4 月 1 日。

77. 釋寬謙〈刊頭語〉，《覺刊季刊》第 26 期，民 88 年 4 月 1 日，頁 2。

78. 釋寬謙〈臨終關懷‧生死大事〉，《覺風季刊》第 24 期，頁 37。

79. 釋濟群〈兩岸佛教觀念交流〉，《圓光新誌》第 43 期，頁 57～58。

80. 瞿海源〈台灣與中國大陸宗教變遷的比較研究〉，林本炫編譯《宗教與社會變遷》，巨流圖書，民 82 年 11 月。

81. 見蔡銘津〈少子化趨勢對教育體系的衝擊與因應〉，《教育與發展》第 25 卷第 5 期，民 97 年 10 月。

82. 于宗先〈台灣的經濟何去何從——從歷史角度論政策選擇〉，中興大學應用經濟系，2009 年 10 月 23 日。

83. 孔祥明〈台灣家庭社會學研究的回顧與展望〉，《台灣社會學年會會議》，2006 年。

84. 彭素玲等〈人口年齡結構、所得分配與產業結構轉型對台灣民間消費與總體產出之影響〉，中央研究院經濟研究所《台灣經濟研究與預測》第 39 卷第 2 期，2009 年，頁 51～101。

85. 林衡道〈獅頭山附近各鄉民間信仰調察〉，《台灣文獻》第 13 卷第 3 期，1962 年。

86. 劉枝萬〈清代台灣之寺院〉，《台北文獻》第 6 期，1963 年。

87. 王淳隆〈當代居士修行社區初探〉，《佛教建築會議實錄暨論文集》，1998 年。

88. 李世偉〈戰後臺灣觀音感應錄的製作與內容〉，《成大宗教與文化學報》第 4 期，2004 年 12 月。

89. 林福春〈論觀音形相之遞變〉，《宜蘭農工學報》第 8 期，1994 年。

90. 藍吉富〈臺灣佛教之歷史發展的宏觀式考察〉,《中華佛學學報》第 12 期,1999 年 7 月。

91. 釋昭慧等〈當代台灣的榮景與隱憂〉,《弘誓》,2003 年 2 月 7 日。

91. 沈介文、徐木蘭〈禪式服務品質管理之初探〉,華梵人文科技學院《第一屆禪與管理研討會論文集》,民 84 年。

92. 李霞〈從道家之道到禪宗之心〉,中國慈惠弘道會出版《論道》,民 89 年 8 月。

93. 賴建成〈唐宋之際禪門行法的特質〉,景文技術學院宗教、人文、管理學術研討會,民 83 年 5 月。

94. 潘朝陽〈整全生機論自然宇宙觀:人與自然和諧的環境倫理——以《聖經・創世紀》為主的詮釋〉,《地理研究》第 42 期,民 94 年 5 月。

95. 李岳牧、吳世英〈台灣主權與定位初探〉,景文科技大學通識教育中心第二屆「傳統學術與當代人文精神」研討會論文集,2009 年 6 月 6 日。

96. 鄧振源〈管理之禪釋・禪與管理結合應用之省思〉,華梵人文科技學院《第一屆禪與管理研討會》,民 84 年。

97. 鄧振源〈禪與管理結合應用之省思〉,華梵人文科技學院《第二屆禪與管理研討會》,民 86 年 5 月。

98. 吳成豐〈中國佛教思想中企業倫理觀之研究〉,華梵人文科技學院《第二屆禪與管理研討會》,民 86 年 5 月。

99. 王本正、林錫彬〈禪式管理的現代化——中學為體西學為用〉,華梵人文科技學院《第二屆禪與管理研討會》,民 86 年 5 月。

100. 謝錦祥〈禪修佛法培育管理能力〉,華梵人文科技學院《第三屆禪與管理研討會》,民 88 年 5 月。

101. 洪慶福〈企業或機構推行禪學的經驗〉,華梵人文科技學院《第三屆禪與管理研討會》,民 88 年 5 月。

102. 鄧振源〈禪修對工作倫理影響之研究〉,華梵人文科技學院《第三屆禪與管理研討會》,民 88 年 5 月。

103. 呂雄〈易經研習對全人教育及生命教育的意義〉,國立宜蘭大學《人文及管理學報》第 5 期,民 97 年 11 月,頁 111～174。

104. 吳世英〈老子的道與禪宗的心〉,珠海大學歷史研究所道教史專題報告,未發表文,民 96 年 5 月。

105. 宋光宇〈天道鉤玄〉，一貫道總會《一貫道簡介》，1988 年。

106. 李崇信〈宗教醫療之法律問題研究——以醫事法的規範為主〉，《宗教與民俗醫療學報》，大元書局，民 94 年 6 月，頁 67～114。

107. 〈無極先天內功〉，張運宗《循環論》，頁 43～46。

108. 釋南亭〈所希望於中國佛教會者〉，《南亭和尚全集》，頁 283～285。

109. 釋南亭〈六年來中國佛教會之成就〉，《南亭和尚全集》，頁 286～297。

110. 邢東風〈當代禪學熱現象研究——思想學術側面的考察〉，佛光山文教基金會《普門學報》第 35 期，2006 年 9 月，頁 283～321。

111. 釋印順〈我有一明珠一顆〉，《獅子吼雜誌》第 32 卷第 11、12 期，民 82 年 11 月，頁 1～7。

112. 賴建成〈現代禪之我思我見〉，景文教師氣功學社《禪思維與管理藝術》第 2 集，民 88 年 11 月，頁 112～117。

113. 溫宗堃〈佛教禪修與身心醫學——正念修行的療癒力量〉，佛光山文教基金會《普門學報》第 33 期，2006 年 5 月，頁 9～49。

114. 鄭志明〈藏傳佛教在台灣發展的現況與省思〉，佛光山文教基金會《普門學報》第 30 期，2005 年 11 月，頁 91～126。

115. 釋星雲〈化世與益人〉，佛光山文教基金會《普門學報》第 36 期，2006 年 11 月，頁 1～16。

116. 朱迪絲·金森著、心毓等譯〈從西方歷史、後現代主義與佛教觀點探討意識（上）〉，佛光山文教基金會《普門學報》第 33 期，2006 年 5 月，頁 11～36。

117. 江燦騰〈解嚴後的台灣佛教與政治〉，《佛教與中國文化國際學術會議論文集中輯》，1995 年 7 月，頁 514。

118. 釋明復〈識得來時路——中國古人的生活禪趣〉，《國文天地》第 7 卷第 2 期，民 74 年 6 月，頁 21～24。

119. 趙崑秀〈從茶道到身心靈的道場〉，覺風佛教藝術文化基金會《覺風季刊》第 45 期，2009 年 9 月，頁 18～19。

四、書刊雜誌報導

1. 〈化解宗教與世俗對立〉，《中國時報》「社會脈動」7，民 85 年 9 月 16 日。

2. 〈2006 年師父新春文告〉，《有緣人》第 135 期「生命教育」4，2006 年 1、2 月合刊。

3. 〈天外懷高僧——寄語惟覺法師〉，《自由時報》，民 85 年 10 月 3 日。

4. 〈在災難中持續提供安定人心的力量——奉獻中實踐佛法、體會心安就平安〉,《法鼓雜誌》「慈基會特刊」,2004 年 12 月 1 日。

5. 〈好江山不值得好後進〉,《自立晚報》「本土副刊」,民 81 年 1 月 4 日。

6. 〈法鼓人文講座〉,《法鼓雜誌》「要聞」,2004 年 12 月 1 日。

7. 〈法鼓山獲頒從事兩岸文教交流績優獎團體〉,《法鼓雜誌》「要聞」,2004 年 12 月 1 日。

8. 〈師父對僧團講法鼓山所弘傳的禪佛教〉,《法鼓雜誌》「要聞」,2004 年 12 月 1 日。

9. 〈特別報導——感恩年會〉,《法鼓雜誌》,2003 年 4 月 1 日。

10. 〈張家森:內丹術講心法有口訣〉,《中國時報》「兩岸三地新聞」A13,民 93 年 5 月 8 日。

11. 〈教訊——曉雲法師榮獲文化獎〉,《海潮音》第 79 卷第 1 期,頁 34。

12. 〈尊重致祥和〉,《慈濟月刊》第 479 期,2006 年 10 月 25 日,頁 1。

13. 〈焦點報導〉,《法鼓山雜誌》,2003 年 4 月 1 日。

14. 〈焦點報導〉,《法鼓雜誌》,2002 年 11 月 1 日。

15. 〈隋唐第一流人才在佛門、二十一世紀也是〉,《法鼓雜誌》,2003 年 4 月 1 日。

16. 〈當代人物〉,《中央日報》「副刊」,民 90 年 6 月 5 日。

17. 《中國時報》第 7 版,民 81 年 2 月 11 日。

18. 《中國時報》「副刊」,民 85 年 9 月 16 日。

19. 王蜀桂在〈宗教可以救社會〉,《中國時報》,民 81 年 1 月 20 日。

20. Anita Bartholomew〈雖死猶生——從科學角度看人類靈魂〉,《讀者文摘》,2004 年 9 月。

21. 江祥羚〈中西神秘寶典世紀大預言〉,《獨家報導》第 853 期,2004 年 12 月 17～23 日,頁 18～22。

22. 《自立晚報》「本土副刊」,民 81 年 1 月 5 日。

23. 吳枝開〈禪畫與抽象畫的差異及其意義),《禪資訊站》「禪學論壇」。

24. 吳鈴嬌〈博士和尚聖嚴法師的深情大願——提高人心品質建設人間淨

土〉，《中國時報》第 39 版，民 81 年 1 月 11 日。

25. 宋聲華〈修學密教之淺言〉，禪門佛教《啟發潛能與智慧》，民 82 年，頁 47。

26. 李小芬〈挫魚報導〉，《中國時報》第 7 版，民 81 年 2 月 11 日。

27. 李斐鴻〈辦教育的人要承認教育有所不足‧李震神父接任浦大校長將以 反省認知的情神從事教育工作〉，《中國時報》第 27 版，民 81 年 2 月 21 日。

28. 李懋華〈僧伽醫療之資源整合〉，《僧伽醫護》第 1 期創刊號，民 88 年 4 月 5 日，頁 10～11。

29. 林俊義〈有什麼樣的政府才會有什麼樣的人民〉，《自立晚報》第 3 版， 民 81 年 3 月 11 日。

30. 林美娜〈利他哲學裡蘊藏人性溫暖的陽光‧終身義工孫越談生命轉變的 心路歷程〉，《自立晚報》第 5 版，民 81 年 1 月 27 日。

31. 林家群〈一個不是出家人一個是社會問題〉，《中國時報》「社會新聞」， 民 87 年 5 月 13 日。

32. 邱家宜〈光的信徒——在紅塵裡建構者巴哈伊教簡介〉，《自立晚報》第 13 版，民 81 年 1 月 4 日。

33. 雨潔〈以溫情與敬意對待歷史——由發現台灣說起〉，《自立晚報》第 5 版，民 81 年 2 月 16 日。

34. 施並錫〈時來運會轉的台灣現代藝術〉，《自立晚報》第 19 版，民 81 年 1 月 26 日。

35. 星雲法師〈談人生觀與感情世界——出家也是一種無盡的愛〉，《自立晚 報》第 13 版，民 81 年 1 月 20 日。

36. 張春華〈以出世心情入世、宗教問題攤開談〉，《中國時報》「社會脈動」 7，民 85 年 9 月 16 日。

37. 〈台灣佛教的傳統與現代〉，《人生雜誌》第 182 期編輯室。

38. 〈張家森：內丹術講心法有口訣〉文，《中國時報》「兩岸三地新聞」 A13，民 93 年 5 月 8 日。

39. 張述芳〈國策會要擎起弘揚道教的大旗〉，《自立晚報》第 13 版，民 81

年 1 月 4 日。

40. 許書婷在〈服務助人不嫌累、自娛娛人樂一生〉,《中國時報》第 19 版,民 81 年 1 月 5 日。

41. 陳碧雲報導〈宗教亂象〉,《中國時報》,民 87 年 5 月 13 日。

42. 登琨豔〈讓文化從做作開始〉,《自立晚報》「本土副刊」,民 81 年 1 月 3 日。

43. 黃運喜在〈閒話平生〉,《風城法音》電子報第 64 期,2003 年 9 月 16 日。

44. 楊仁惠〈心靈環保全民博覽會〉,《法鼓雜誌》,2003 年 4 月 1 日。

45. 聖嚴法師〈可靠的修行方法〉,《法鼓雜誌》「耕心成長」,2003 年 4 月 1 日。

46. 廖威凌〈婆婆世界中的琉璃──證嚴法師人間行腳〉,《中央日報》「副刊」,民 90 年 6 月 5 日。

47. 謝錦芳〈一場結合宗教與環保的心靈環保、淨化人心之大型園遊會〉,《中國時報》第 13 版,民 81 年 2 月 17 日。

48. 謝瀛華醫師在〈做個高品質的現代人〉,《自立晚報》,民 88 年 5 月 1 日。

49. 釋性瀅〈從佛法的修學談宗教境界〉,《圓光新誌》第 42 期,民 87 年 11 月,頁 15～21。

50. 釋昭慧〈介紹印順導師〉,《弘誓》第 38 期,1999 年 4 月,頁 2～11。

51. 釋昭慧〈宗教真能超然於政治嗎?〉,《中國時報》「時論廣場」,民 89 年 3 月 3 日。

52. 王瑩〈走過死蔭幽谷──以生命作畫的王壽護〉,《台灣光華雜誌》,1999 年 7 月。

53. 李建興等〈消失中的台灣人──人口危機你該如何因應〉,《今周刊》第 72 期,2010 年 3 月 1 日。

54. 黃啟明〈艋舺與龍山寺〉,《台北文物》第 2 卷第 1 期,1953 年。

55. 李根源〈艋舺寺廟法〉,《台北文物》第 2 卷第 2 期,1953 年。

56. 賴建成〈開女姓書畫風氣先驅的王壽護女士〉,《台北縣新聞網》,2006 年 6 月 5 日。

57. 賴建成〈再訪一真女史王壽護名畫家〉,《台北縣新聞網》,2006 年 6 月 21 日。

58. 賴建成〈三訪一真女史〉,《台北縣新聞網》,2006 年 7 月 24 日。

59. 奚淞〈我就是一管筆〉,《聯合副刊》,2009 年 3 月 20 日。

60. 〈繫鈴是北京解鈴亦在北京〉,《聯合報》焦點 A2「社論」,民 96 年 6 月 9 日。

61. 《中國時報》「兩岸新聞」A12「專題報導」,民 99 年 5 月 10 日。

62. 《聯合報》「遠雄特刊」S2,民 99 年 6 月 9 日。

63. 《中國時報》「大陸新聞」,民 81 年 3 月 16 日。

64. 《自立晚報》第 13 版,民 81 年 1 月 4 日。

65. 〈認識限制台灣僧伽人入境大陸的基因〉,《民眾日報》「社論」,民 80 年 5 月 28 日。

66. 徐世華〈天主教、基督教廣向大陸傳福音」〉,《民生日報》,民 77 年 4 月 25 日。

67. 中國天主教愛國會第三屆代表會議決議文,北京,1980 年 5 月 30 日。

68. 蔡文〈大陸探親尋根之旅〉,《關係我》第 39 期,民 80 年春季。

69. 賴佩文〈浮光掠影看大陸道教〉,《關係我》第 40 期,民 80 年夏季。

70. 李清東〈綜合討論發言紀要〉,金門縣臨時縣縣議會《金門為來發展與前途座談會實錄》,民 82 年 10 月。

71. 婁靖平〈兩岸棒球開戰,周美青領軍?〉,《聯合報》「運動」B4,民 99 年 6 月 9 日。

72. 羅浚濱竹縣報導〈兩岸和平發展論壇力挺 ECFA〉,《中國時報》「兩岸新聞」A12,民 99 年 5 月。

73. 〈兩岸禪茶樂對話活動在杭州舉行〉,《中國台灣網》資料來自《新華網》,2009 年 4 月 23 日。

74. 〈兩岸人士在千年靈隱寺舉辦禪茶樂對話〉,《中國台灣網》資料來自

《新華網》，2009 年 4 月 22 日。

75. 林碧炤〈論談判〉，《問題與研究》第 31 卷第 10 期，台北政治大學國際關係研究中心，1992 年 10 月。

76. 湯斌〈兩岸單方追求統獨是做不到的〉，《中國時報》「兩岸新聞」A13，民 99 年 3 月 21 日。

77. 林邁可〈談判策略〉，《共黨問題研究》第 5 卷第 4 期，台北共黨問題研究中心，1979 年 4 月。

78. 〈「讓利」長遠來看對兩岸都有利〉，《中國時報社論》「時論廣場」A15，民 99 年 3 月 21 日。

79. 〈ECFA 政策形成要避免財團染指〉，《聯合報焦點》「社論」A2，民 99 年 5 月 2 日。

80. 釋星雲〈化世與益人〉，佛光山文教基金會《普門學報》第 36 卷，2006 年 12 月，頁 1～16。

81. 莊慧秋〈揭開生命共通絡網——訪陳國鎮談身心靈整體健康〉，《張老師月刊》第 265 期，2000 年 1 月，頁 77～83。

82. 釋聖嚴〈台灣佛學研究的紮根者——談周宣德居士〉，《慧炬》第 532 期，民 97 年 10 月 15 日，頁 48～52。

83. 陳志銘整理〈印順法師開示〉，新竹法源寺別苑《覺風季刊》第 26 期，民 81 年 12 月，頁 40～41。

84. 呂凱文講、陳志銘整理〈善生倫理學——邁向幸福人生的三步驟〉，《慧炬》第 532 期，民 97 年 10 月 15 日，頁 28～33。

85. 釋蓮海〈護國也要護教〉，中華佛教護僧協會《護僧》第 14 期，民 88 年 1 月 15 日，頁 35～39。

86. 華嚴蓮社〈物歸原主——從資壽寺十八尊羅和頭談起〉，台北華嚴蓮社《萬行》第 171 期，民 88 年 4 月，頁 4～5。

87. 梅穎〈玄奘法師舍利護送團至本會參訪〉，中華佛教護僧協會《護僧》第 13 期，民 87 年 10 月，頁 54～55。

88. 釋常開〈行看流水坐看雲〉，台中萬佛山《慈明》第 2 期，民 87 年 6 月，頁 24～27。

89. 釋法藏〈勉居士如法護持三寶〉，台南妙法雜誌社《妙法月刊》第 133 期，1999 年 1 月，頁 36～40。

90. 黃菘修〈印順導師思想及台灣佛教現代化〉，中華民國佛教青年會《中佛青》第 43 期民 88 年 4 月，頁 18～22。

91. 胡仁瀚在〈大愛不曾間斷〉，台北慈濟人文志業中心《慈濟》第 479 期，2006 年 10 月，頁 98～100。

92. 釋證嚴講〈慈濟邁入 50 年輪——加強八印齊步邁向全球〉，台北慈濟人文志業中心《慈濟》第 486 期，2007 年 5 月，頁 6～9。

93. 何日生〈期待紅溪變清流〉，台北慈濟人文志業中心《慈濟》第 486 期，2007 年 5 月，頁 82～88。

94. 釋法藏在〈彌陀要解五重玄義講記（九）〉，《圓光新誌》第 89 期，民 95 年 9 月，頁 42～61。

95. 釋證嚴主講〈精而純的生命品質〉，台北慈濟人文志業中心《慈濟》第 479 期，2006 年 10 月，頁 6～9。

96. 梅影〈東大寺舉行玉佛安座典禮〉，中華佛教護僧協會《護僧》第 14 期，民 88 年 1 月 15 日，頁 72～74。

97. 宗薩欽哲仁波切〈我的堪布——貢噶旺秋〉，慧炬雜誌社《慧炬》第 549 期，民 99 年 3 月，頁 24～30。

98. 大寶法王鄔金欽列多傑著、堪布丹傑譯〈岡波巴四法（一）〉，慧炬雜誌社《慧炬》第 535、536 期合刊，民 98 年 2 月，頁 12～19。

99. 高明道〈關懷、提昇、圓滿（一）〉，慧炬雜誌社《慧炬》第 553、554 期合刊，民 99 年 7 月，頁 34～41。